중학 내신 완벽 대비 종합서

능률 중학영어

예비중

능률중학영어 예비중

지은이	NE능률 영어교육연구소
선임 연구원	김지현
연구원	이지연 허인혜 여윤구
영문 교열	August Niederhaus Nathaniel Galletta Patrick Ferraro
디자인	안훈정 김연주
내지 일러스트	박응식 최은미 김동현 권민정
내지 사진	www.shutterstock.com
맥편집	이인선
영업	한기영 이경구 박인규 정철교 김남준 이우현
마케팅	박혜선 남경진 이지원 김여진

Let's grow together

NE능률이
미래를
창조합니다.

건강한 배움의 고객가치를 제공하겠다는 꿈을 실현하기 위해
40년이 넘는 시간 동안 열심히 달려왔습니다.

앞으로도 끊임없는 연구와 노력을 통해
당연한 것을 멈추지 않고

고객, 기업, 직원 모두가 함께 성장하는 NE능률이 되겠습니다.

NE 능
률

Our greatest glory is not in never falling,
but in rising every time we fall.

가장 위대한 영광은 한 번도 실패하지 않음이 아니라, 실패할 때마다 다시 일어서는 데 있다.
- Confucius

Structures & Features

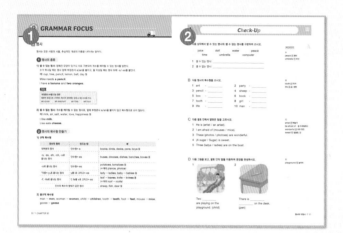

① GRAMMAR FOCUS

중학교 영어 교육 과정에서 알아야 할 필수 문법을 쉽고 친절한 설명과 생생한 예문을 통해 재미있게 학습할 수 있습니다. 중학교 시험에 자주 출제되는 내용은 내신 POINT PLUS로, 주의해야 할 문법 사항은 TIPS로 정리하여 체계적으로 학습할 수 있습니다.

② Check-Up

GRAMMAR FOCUS에서 배운 내용을 간단한 유형의 연습문제를 통해 확인할 수 있습니다.

③ Grammar Test

앞서 배운 문법 사항을 통합된 심화 문제를 통해 더 확실하게 점검할 수 있습니다.

④ WRITING WITH GRAMMAR

다양한 서술형 문제를 통해 GRAMMAR FOCUS를 반복 학습할 수 있고, 쓰기 연습을 통해 중학교 내신 시험의 서술형 주관식 유형에 익숙해질 수 있습니다.

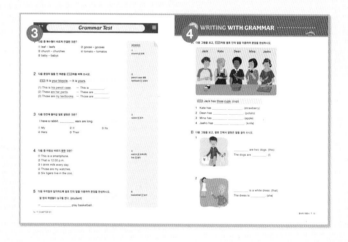

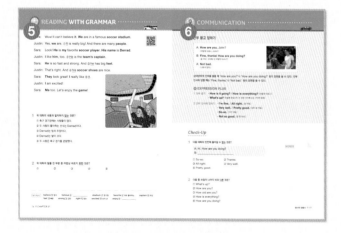

⑤ READING WITH GRAMMAR

각 과에서 배운 문법 항목이 녹아 있는 흥미로운 내용의 지문을 통해 문법을 다시 한번 공부하는 동시에 독해 실력도 높일 수 있습니다.

⑥ COMMUNICATION

중학교 영어 교육 과정의 필수 의사소통 기능을 생생한 대화문을 통해 학습할 수 있습니다. EXPRESSION PLUS를 통해 각 의사소통 기능과 관련된 다른 표현들도 추가로 학습할 수 있으며, Check-Up 문제를 통해 내신 시험에도 대비할 수 있습니다.

❼ FINAL TEST

어휘, 의사소통 기능, 문법 등 앞서 학습한 내용을 종합적으로 확인해 볼 수 있습니다. 학교 내신 시험과 유사한 난이도의 다양한 문제를 풀어보며 실전에 대비하고 실력도 점검해 볼 수 있습니다.

❽ 내신 완성 서술형

중학교 내신 시험에 자주 출제되는 서술형 주관식 문제를 풀며 서술형 주관식에 대한 자신감을 높일 수 있습니다.

❾ WORD LIST

해당 과에서 쓰인 어휘 중 핵심 어휘만을 별도로 학습할 수 있습니다. 어휘를 학습하며 한 과를 마무리할 수 있습니다.

♀ *Contents*

Ⓐ 문장 성분

1 주어와 동사

1) 주어: 동작이나 상태의 주체가 되는 말로, 문장의 맨 앞에 나오며 '…은/는/이/가'로 해석한다.

I dance. (나는 춤을 춘다.)

Emily laughs. (Emily가 웃는다.)

2) 동사: 주어의 동작이나 상태를 나타내는 말로, 주어 다음에 나오며 '…하다, …이다'로 해석한다.

My mother **works**. (우리 엄마는 일하신다.)

The boy **is** tall. (그 소년은 키가 크다.)

2 목적어와 보어

1) 목적어: 동사의 목적이나 대상이 되는 말로, 동사 뒤에 나오며 '…을/를'로 해석한다. 주로 명사나 대명사가 목적어로 쓰인다.

Dan rides **his bicycle**. (Dan은 그의 자전거를 탄다.)

We know **them**. (우리는 그들을 안다.)

2) 보어: 동사를 도와 주어를 보충 설명해 주는 말이다. 동사 뒤에 나오며 'A는 B이다, A는 B하다'에서 B를 나타낸다. 주로 명사나 형용사가 보어로 쓰인다.

Jane is **a girl**. (Jane은 여자아이이다.)

The pizza smells **delicious**. (그 피자는 맛있는 냄새가 난다.)

3 수식어

문장에 꼭 있어야 하는 요소는 아니지만, 문장의 다른 요소를 꾸며주는 말로, 문장의 내용을 더 자세하게 해 준다.

I have **red** roses. (나는 빨간 장미를 가지고 있다.)

This movie is **very** interesting. (이 영화는 매우 흥미롭다.)

The baby sleeps **on the bed**. (그 아기는 침대에서 잔다.)

Ⓑ 품사

1 명사: 사람, 사물, 동물 등의 이름을 나타내는 말로, 문장에서 주어·목적어·보어로 쓰인다.

> 예 Daniel, bicycle(자전거), giraffe(기린), hamburger(햄버거), peace(평화) 등
> **Mark** reads many **books**. (Mark는 많은 책을 읽는다.)
> It is a new **computer**. (그것은 새 컴퓨터이다.)

2 대명사: 명사를 대신하는 말로, 문장에서 주어·목적어·보어로 쓰인다.

> 예 I(나), you(너, 너희들), he(그), she(그녀), it(그것), they(그들), this(이것), that(저것) 등
> Jake likes oranges. **He** eats **them** every day.
> (Jake는 오렌지를 좋아한다. 그는 그것들을 매일 먹는다.)

3 동사: 사람, 사물, 동물의 동작이나 상태를 나타내는 말이다. 동사에는 be동사, 일반동사, 조동사가 있다.

> 예 be(…이다, …에 있다), run(달리다), study(공부하다), eat(먹다), will(…할 것이다), can(…할 수 있다) 등
> Robert **is** an actor. (Robert는 배우이다.)
> I **drink** milk every morning. (나는 매일 아침 우유를 마신다.)
> She **will leave** soon. (그녀는 곧 떠날 것이다.)

4 형용사: 명사나 대명사의 성질이나 상태를 설명해 주는 말로, 문장에서 보어나 수식어로 쓰인다.

> 예 good(좋은, 착한), pretty(예쁜), dark(어두운), big(큰) 등
> Breakfast is **ready**. (아침이 준비되어 있다.)
> Cathy lives in a **big** house. (Cathy는 큰 집에 산다.)

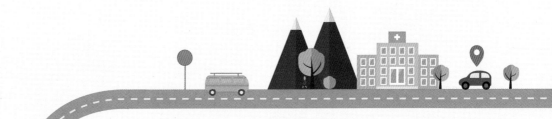

5 부사: 동사·형용사·다른 부사·문장 전체를 꾸며주는 말로, 문장에서 수식어로 쓰인다.

예 very(매우), early(일찍), well(잘), here(여기에), happily(행복하게) 등

Cheetahs **run fast**. (치타는 빨리 달린다.)

I am **so happy**. (나는 아주 행복하다.)

John works **very hard**. (John은 매우 열심히 일한다.)

Strangely, everyone likes him. (이상하게, 모든 사람이 그를 좋아한다.)

6 전치사: 명사나 대명사 앞에 쓰여 시간·장소·방향 등을 나타내는 말이다.

예 after(… 후에), before(… 전에), in/at(…에), on(… 위에), with(…와 함께) 등

Jamie plays tennis **after** school. (Jamie는 방과 후에 테니스를 친다.)

She washes her hands **before** lunch. (그녀는 점심 식사 전에 손을 씻는다.)

A book is **on** the table. (책이 탁자 위에 있다.)

She lives **with** her family. (그녀는 그녀의 가족과 함께 산다.)

7 접속사: 단어와 단어, 문장과 문장 등 말과 말을 이어주는 말이다.

예 and(그리고), but(그러나), or(또한), so(그래서), because(… 때문에) 등

I have apples **and** bananas. (나는 사과와 바나나를 가지고 있다.)

8 감탄사: 기쁨, 놀라움, 감탄 등 감정을 표현하는 말이다.

예 Oh(오), Wow(와), Oops(저런) 등

Wow, that's great! (와, 그거 대단하다!)

CHAPTER 01

명사와 대명사

Ron

I am very hungry. **I** want **two sandwiches**! How about going to the **bakery**?
(나는 무척 배가 고파. 나는 샌드위치 두 개를 원해! 제과점을 가는 게 어때?)

I am hungry, too. Let's go!
(나도 배가 고파. 가자!)

Jane

📍 GRAMMAR FOCUS

A 명사

명사는 모든 사람과 사물, 추상적인 개념의 이름을 나타내는 말이다.

1 명사의 종류

1) 셀 수 있는 명사: 정해진 모양이 있거나 서로 구분되어 개수를 헤아릴 수 있는 명사를 말한다.

수가 하나일 때는 명사 앞에 부정관사 a/an을 붙이고, 둘 이상일 때는 명사 뒤에 -s/-es를 붙인다.

예) cup, tree, pencil, lemon, ball, day 등

Mike needs **a pencil**.

I have **a banana** and **two oranges**.

> **TIPS**
>
> **부정관사 an을 쓰는 경우**
> 발음이 모음으로 시작하는 명사의 경우에는 앞에 a 대신 an을 쓴다.
> **an** apple　　**an** elephant　　**an** idea　　**an** hour

2) 셀 수 없는 명사: 개수를 헤아릴 수 없는 명사로, 앞에 부정관사 a/an을 붙이지 않고 복수형으로 쓰지 않는다.

예) milk, air, salt, water, love, happiness 등

I like **milk**.

Lisa eats **cheese**.

2 명사의 복수형 만들기

1) 규칙 복수형

명사의 형태	만드는 법	예
대부분의 명사	단수형+-s	book**s**, bird**s**, desk**s**, pen**s**, boy**s** 등
-s, -ss, -sh, -ch, -x로 끝나는 명사	단수형+-es	bus**es**, dress**es**, dish**es**, bench**es**, box**es** 등
-o로 끝나는 명사	단수형+-es	potato**es**, tomato**es** 등 (※ 예외 piano**s**, photo**s**)
「자음+-y」로 끝나는 명사	y를 i로 고치고+-es	lady → lad**ies**, baby → bab**ies** 등
-f, -fe로 끝나는 명사	f, fe를 v로 고치고+-es	leaf → lea**ves**, knife → kni**ves** 등 (※ 예외 roof → roof**s**)
단수와 복수의 형태가 같은 명사		sheep, fish, deer 등

2) 불규칙 복수형

man → **men**, woman → **women**, child → **children**, tooth → **teeth**, foot → **feet**, mouse → **mice**, goose → **geese**

A 다음 상자에서 셀 수 있는 명사와 셀 수 없는 명사를 구분하여 쓰시오.

| juice | doll | water | peace |
| time | umbrella | computer | |

1 셀 수 있는 명사: _____

2 셀 수 없는 명사: _____

WORDS

A
peace 명 평화
umbrella 명 우산

B 다음 명사의 복수형을 쓰시오.

1 ant - _____
2 party - _____
3 pencil - _____
4 sheep - _____
5 box - _____
6 book - _____
7 tooth - _____
8 girl - _____
9 life - _____
10 man - _____

B
tooth 명 치아
life 명 삶, 생명

C 다음 괄호 안에서 알맞은 말을 고르시오.

1 He is (artist / an artist).

2 I am afraid of (mouses / mice).

3 These (photos / photoes) are wonderful.

4 (A sugar / Sugar) is sweet.

5 Three (ladys / ladies) are on the boat.

C
artist 명 예술가
be afraid of ···을 두려워하다
wonderful 형 아주 멋진
sweet 형 달콤한, 단

D 다음 그림을 보고, 괄호 안의 말을 이용하여 문장을 완성하시오.

D
playground 명 놀이터

1

Two _____
are playing on the
playground. (child)

2

There is _____
_____ on the desk.
(pen)

GRAMMAR FOCUS

B 대명사

1 인칭대명사 사람이나 사물의 이름을 대신해서 쓰는 말로, 수와 인칭, 격에 따라 형태가 달라진다.

수	인칭	주격(…은/는/이/가)	소유격(…의)	목적격(…을/를/에게)	소유대명사(…의 것)
단수	1인칭	I	my	me	mine
	2인칭	you	your	you	yours
	3인칭	he	his	him	his
		she	her	her	hers
		it	its	it	–
복수	1인칭	we	our	us	ours
	2인칭	you	your	you	yours
	3인칭	they	their	them	theirs

Sally is a nice girl. **She** is kind. (She = Sally)

I can't find **my** key. Please help **me**.

It is **his** book. **Yours** is on the table. (Yours = Your book)

> **TIPS**
>
> 고유명사나 일반명사의 소유격과 소유대명사는 명사 뒤에 's를 붙여서 나타낸다.
> 예) It is **Jenny's** cat. (그것은 Jenny의 고양이다.) 〈소유격〉
>   The car is **my aunt's**. (그 차는 우리 이모의 것이다.) 〈소유대명사〉

2 지시대명사 가까이 또는 멀리 있는 사람이나 사물을 가리키는 말이다.

1) 가까이 있는 것을 가리킬 때: this(이것, 이 사람), these(이것들, 이 사람들)

This is his notebook.

These are my dogs.

2) 멀리 있는 것을 가리킬 때: that(저것, 저 사람), those(저것들, 저 사람들)

That is her friend.

Those are her rings.

3 비인칭 주어 it 문장의 주어로 쓰며 시간, 요일, 날씨 등을 나타낸다. '그것'이라고 해석하지 않는다.

It is 9 o'clock.

It is Friday.

It is sunny and warm.

A 다음 괄호 안에서 알맞은 말을 고르시오.

1 (He / His) is my brother.

2 That is (you / your) dress.

3 Mom loves (we / us) a lot.

4 (It / That) is snowy outside.

5 The white shoes are (my / mine).

6 (This / These) are her bags.

B 다음 괄호 안의 말을 빈칸에 알맞은 형태로 쓰시오.

1 I meet _____ at school. (they)

2 The new computer is _____. (you)

3 The gentleman is _____ uncle. (he)

C 다음 빈칸에 알맞은 말을 쓰시오.

1 I like tennis. I play _____ every day.

2 Amy has a sister. _____ name is Mary.

3 Tom and Mike are my friends. _____ are twins.

D 다음 그림을 보고, 빈칸에 알맞은 말을 쓰시오.

1

_____ is my cat.

2

_____ is rainy.

3

People like _____ music.

4

_____ are my parents.

1 다음 중 복수형이 바르게 연결된 것은?

① leaf – leafs
② goose – gooses
③ church – churches
④ tomato – tomatos
⑤ baby – babys

2 다음 문장의 밑줄 친 부분을 보기 처럼 바꿔 쓰시오.

보기 It is your bicycle. → It is yours.

(1) This is his pencil case.   → This is _____.
(2) These are her pants.   → These are _____.
(3) Those are my textbooks.   → Those are _____.

3 다음 빈칸에 들어갈 말로 알맞은 것은?

I have a rabbit. _____ ears are long.

① My
② It
③ Its
④ Hers
⑤ Their

4 다음 중 어법상 바르지 못한 것은?

① This is a smartphone.
② That is 12:00 p.m.
③ I drink milk every day.
④ Those are my watches.
⑤ Six tigers live in the zoo.

5 다음 우리말과 일치하도록 괄호 안의 말을 이용하여 문장을 완성하시오.

열 명의 학생들이 농구를 한다. (student)

→ _____ _____ play basketball.

WORDS

1
church 명 교회

2
pencil case 필통
textbook 명 교과서

3
rabbit 명 토끼

4
watch 명 손목시계
live 동 살다

5
basketball 명 농구

A 다음 그림을 보고, 보기 처럼 괄호 안의 말을 이용하여 문장을 완성하시오.

보기 Jack has <u>three</u> <u>cups</u>. (cup)

1 Kate has _____ _____. (strawberry)

2 Dean has _____ _____. (potato)

3 Mina has _____ _____. (apple)

4 Jaeho has _____ _____. (knife)

B 다음 그림을 보고, 괄호 안에서 알맞은 말을 골라 쓰시오.

1

_____ are two dogs. (this)
The dogs are _____. (I)

2

_____ is a white dress. (that)
The dress is _____. (she)

Sara: Wow! I can't believe **it**. **We** are in a famous **soccer stadium**.

Justin: Yes, **we** are. ① <u>It</u> is really big! And there are many **people**.

Sara: Look! **He** is **my** favorite **soccer player**. **His name** is **Derrad**.

Justin: I like **him**, too. ② <u>He</u> is the **team's captain**.

Sara: **He** is so fast and strong. And ③ <u>he</u> has big **feet**.

Justin: That's right. And ④ <u>his</u> **soccer shoes** are nice.

Sara: **They** look great! I really like ⑤ <u>it</u>.

Justin: **I** am excited!

Sara: **Me** too. Let's enjoy the **game**!

1   위 대화의 내용과 일치하지 <u>않는</u> 것은?

    ① 축구 경기장에는 사람들이 많다.

    ② 두 사람이 좋아하는 선수는 Derrad이다.

    ③ Derrad는 팀의 주장이다.

    ④ Derrad는 발이 크다.

    ⑤ 두 사람은 축구 경기를 관람했다.

2   위 대화의 밑줄 친 부분 중 어법상 바르지 <u>못한</u> 것은?

    ①   ②   ③   ④   ⑤

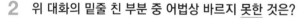

WORDS	believe 동 믿다 famous 형 ¹_____ stadium 명 경기장 favorite 형 매우 좋아하는 captain 명 주장
	fast 형 빠른 strong 형 강한 right 형 맞는 excited 형 신이 난 enjoy 동 ²_____

📍 COMMUNICATION

A 안부 묻고 답하기

A: **How are you**, John?
(어떻게 지내니, John?)

B: **Fine, thanks! How are you doing?**
(잘 지내, 고마워! 넌 어떻게 지내니?)

A: **Not bad.**
(나쁘지 않아.)

상대방에게 안부를 물을 때 'How are you?'나 'How are you doing?' 등의 표현을 쓸 수 있다. 안부 인사에 답할 때는 'Fine, thanks.'나 'Not bad.' 등의 표현을 쓸 수 있다.

➕ EXPRESSION PLUS

1 안부 묻기 · **How is it going? / How is everything?** (어떻게 지내니?)

· **What's up?** (어떻게 지내니?) (※ 친한 사이에 쓰는 구어적 표현)

2 안부 인사에 답하기 · **I'm fine. / All right.** (잘 지내.)

· **Very well. / Pretty good.** (아주 잘 지내.)

· **Not so good.** (잘 못 지내.)

Check-Up

1 다음 대화의 빈칸에 들어갈 수 <u>없는</u> 것은?

A: Hi. How are you doing?
B: _____

① So-so.   ② Thanks.
③ All right.   ④ Very well.
⑤ Pretty good.

WORDS

2 다음 중 쓰임이 나머지 넷과 <u>다른</u> 것은?
① What's up?
② How are you?
③ How old are you?
④ How is everything?
⑤ How are you doing?

B 소개하기와 답하기

A: **This is** my brother, Blake.
   (이쪽은 내 오빠 Blake야.)
B: **Nice to meet you**, Blake. **I'm** Mike.
   (만나서 반가워, Blake. 나는 Mike야.)
C: **Nice to meet you, too.**
   (저도 만나서 반가워요.)

'이 사람은 …입니다.'의 의미로 다른 사람을 소개할 때 「This is …」를 사용한다. 자신을 소개할 때는 「I'm …」라고 말할 수 있다. 소개에 답할 때는 'Nice to meet you.' 등의 표현을 쓸 수 있다.

➕ EXPRESSION PLUS

A: **Let me introduce myself. My name is Jacob.** (내 소개를 할게. 내 이름은 Jacob이야.)
B: Welcome, Jacob! (환영해, Jacob!)

A: **This is** my mother. Mom, **this is** my friend, Jane.
   (이 분은 우리 어머니셔. 엄마, 이쪽은 제 친구 Jane이에요.)
B: **Glad to meet you**, Jane. (만나서 반갑구나, Jane.)
C: **Happy to meet you**, ma'am. (만나 뵙게 되어 반갑습니다, 아주머니.)

Check-Up

1   다음 대화의 빈칸에 들어갈 말로 알맞은 것은?

   A: Let me introduce myself. _____
   B: Nice to meet you!

   ① This is Kelly.
   ② My name is Kelly.
   ③ Kelly is 7 years old.
   ④ Happy to meet you, Kelly.
   ⑤ She is my sister, Kelly.

WORDS

2   다음 대화의 빈칸에 알맞은 말을 쓰시오.

   A: Jerry, _____ _____ my cousin, Joe.
   B: Hello, Joe. _____ _____ _____
      _____.
   C: Glad to meet you, too.

2
cousin 명 사촌

1 다음 중 영어 단어와 우리말 뜻이 <u>잘못</u> 연결된 것은?

① live – 살다
② believe – 듣다
③ artist – 예술가
④ peace – 평화
⑤ umbrella – 우산

2 다음 빈칸에 들어갈 말로 가장 알맞은 것은?

The girl is _____ of ghosts.

① nice
② kind
③ funny
④ afraid
⑤ happy

3 다음 대화의 빈칸에 들어갈 말로 알맞지 <u>않은</u> 것을 모두 고르시오.

A: _____
B: Pretty good. And you?

① How is everything?
② How are you?
③ Is she your sister?
④ How is it going?
⑤ What do you do?

4 대화가 자연스럽게 이어지도록 (A)~(C)를 바르게 배열하시오.

(A) Let me introduce myself. My name is Andrew.
(B) Nice to meet you, too.
(C) Nice to meet you, Andrew. I'm your new coach.

_____ → _____ → _____

5 다음 대화의 빈칸에 알맞은 말을 쓰시오.

A: Mom, _____ _____ my teacher, Ms. Glen.
B: I'm happy to meet you.
C: It's good to meet my favorite student's mother.

6 다음 중 복수형이 <u>잘못</u> 연결된 것은?

① fly – flies
② leaf – leaves
③ place – places
④ dress – dresses
⑤ foot – foots

7 다음 중 명사의 성격이 나머지 넷과 <u>다른</u> 것은?

① knife
② box
③ water
④ watch
⑤ bird

8 다음 밑줄 친 부분 중 어법상 바른 것은?

① They are <u>an eagles</u>.
② That is <u>a great idea</u>!
③ Those are <u>my boates</u>.
④ These are <u>an interesting story</u>.
⑤ There are <u>four tomatos</u> on the plate.

9 다음 밑줄 친 부분과 같은 의미가 되도록 바꿔 쓸 수 있는 것은?

<u>Yumi and I</u> are best friends.

① He
② She
③ You
④ We
⑤ They

[10-11] 다음 빈칸 ⓐ와 ⓑ에 들어갈 말이 바르게 짝지어진 것을 고르시오.

10
- Mr. Brown is my uncle. I like ___ⓐ___ .
- They are my puppies. I love ___ⓑ___ .

	ⓐ	ⓑ		ⓐ	ⓑ
①	he	– they	②	him	– they
③	him	– them	④	he	– them
⑤	his	– their			

11
- This is my favorite perfume. I like ___ⓐ___ smell.
- It is Henry's tie. These socks are also ___ⓑ___ .

	ⓐ	ⓑ		ⓐ	ⓑ
①	it	– he's	②	it's	– his
③	it's	– he's	④	its	– his
⑤	its	– he's			

[12-13] 다음 중 밑줄 친 부분의 쓰임이 나머지 넷과 <u>다른</u> 것을 고르시오.

12 ① Jason helps <u>her</u>.
② <u>My</u> mother is busy.
③ This is <u>Mary's</u> violin.
④ It is <u>his</u> backpack.
⑤ <u>Our</u> classroom is small.

13 ① <u>It</u> is Saturday.
② <u>It</u> is my car.
③ <u>It</u> is 7 o'clock.
④ <u>It</u> rains heavily in June.
⑤ <u>It</u> is very windy.

🛈 서술형

[14-15] 다음 빈칸에 알맞은 인칭대명사를 쓰시오.

14 This is my brother. _____ school is near City Hall.

15 Lauren and Adam take a tennis class. Serena is _____ teacher.

16 다음 중 어법상 바르지 <u>못한</u> 것은?

① My father is from China.
② They are my cousins.
③ Nancy loves her dog.
④ He's hands are very big.
⑤ We are late for the movie.

🛈 서술형

17 다음 문장을 보기 처럼 바꿔 쓰시오.

보기   That is a key.
→ Those are keys.

This is a cow.

→ _____

18 밑줄 친 ①~⑤ 중 지칭하는 대상이 나머지 넷과 <u>다른</u> 것은?

① <u>That</u> is my nephew. ② <u>His</u> name is Julien. ③ <u>He</u> is a baseball player. ④ <u>He</u> has a cute dog. ⑤ <u>His</u> name is Will.

19 다음 밑줄 친 부분이 가리키는 말로 바르지 <u>못한</u> 것은?

① It is Chris's bike. <u>It</u> is new.
= Chris's bike
② This is his bag. That is <u>hers</u>.
= her bag
③ The book on the desk is <u>mine</u>.
= my book
④ Roy has a cat. <u>Its</u> fur is yellow.
= Roy's
⑤ You know my phone number. I know <u>yours</u>, too.
= your phone number

!) 서술형

[20-21] 다음 그림을 보고, 보기 처럼 괄호 안의 말을 이용하여 문장을 완성하시오.

보기

(rabbit)

<u>Those</u> are <u>three</u> <u>rabbits</u>.

20

(bus)

_____ are _____ _____ .

21

(orange)

_____ is _____ _____ .

[22-25] 다음 문장을 바르게 고쳐 쓰시오.

22 Tim is he classmate.

→ _____

_____

23 This is very cold today.

→ _____

_____

24 Those are her letter.

→ _____

_____

25 The farmer has two sheeps.

→ _____

_____

26 다음 우리말과 일치하도록 주어진 조건을 이용하여 영작하시오.

조건 1 child를 사용할 것
조건 2 총 6단어로 쓸 것

Paul과 Amy는 우리의 아이들이다.

→ _____

_____

WORD LIST

✓ Grammar

- [ ] happiness   명 행복
- [ ] peace   명 평화
- [ ] umbrella   명 우산
- [ ] tooth   명 치아
- [ ] life   명 삶, 생명
- [ ] artist   명 예술가
- [ ] be afraid of   …을 두려워하다
- [ ] playground   명 놀이터
- [ ] a lot   많이
- [ ] snowy   형 눈이 오는
- [ ] outside   부 밖에
- [ ] gentleman   명 신사
- [ ] uncle   명 삼촌
- [ ] twin   명 쌍둥이
- [ ] rainy   형 비가 오는
- [ ] people   명 사람들
- [ ] church   명 교회
- [ ] pencil case   필통
- [ ] textbook   명 교과서
- [ ] watch   명 손목시계
- [ ] live   동 살다

✓ Reading

- [ ] believe   동 믿다
- [ ] famous   형 유명한
- [ ] stadium   명 경기장
- [ ] favorite   형 매우 좋아하는
- [ ] captain   명 주장
- [ ] fast   형 빠른
- [ ] strong   형 강한
- [ ] right   형 맞는
- [ ] excited   형 신이 난
- [ ] enjoy   동 즐기다

✓ Communication

- [ ] fine   형 괜찮은
- [ ] introduce   동 소개하다
- [ ] glad   형 기쁜
- [ ] cousin   명 사촌

✓ Final Test

- [ ] kind   형 친절한
- [ ] coach   명 (스포츠팀의) 코치
- [ ] fly   명 파리
- [ ] place   명 장소
- [ ] eagle   명 독수리
- [ ] interesting   형 재미있는
- [ ] plate   명 (둥그런) 접시, 그릇
- [ ] perfume   명 향수
- [ ] smell   명 냄새
- [ ] tie   명 넥타이
- [ ] busy   형 바쁜
- [ ] backpack   명 배낭
- [ ] heavily   부 심하게
- [ ] windy   형 바람이 많이 부는
- [ ] take a class   수업을 받다
- [ ] late   형 늦은
- [ ] classmate   명 반 친구

CHAPTER 02

동사 1

Lambs

Are you really our mother?
(당신은 정말로 우리 엄마인가요?)

Yes, **I am**. Look at my white hands.
(그래, 그렇단다. 내 하얀 손을 보렴.)

Wolf

No. **You aren't** our mother! Go away!
(아니야. 당신은 우리 엄마가 아니야! 가버려!)

Lambs

Ⓐ be동사의 쓰임과 형태 변화

❶ be동사의 쓰임

주어가 단수일 때는 am/is를, 복수일 때는 are를 쓰며, '…이다, (…에) 있다'의 의미를 나타낸다.

I **am** 13 years old.
Josh **is** a police officer.
Chris and Kelly **are** on the grass.

❷ be동사의 형태 변화

be동사는 주어의 인칭과 주어가 단수인지 복수인지에 따라 형태가 달라진다.

수	인칭	주어	be동사	줄임말
단수	1인칭	I	am	I'm
	2인칭	you	are	you're
	3인칭	he she it	is	he's she's it's
복수	1인칭	we	are	we're
	2인칭	you	are	you're
	3인칭	they	are	they're

I am[I'm] a model.
She is[She's] my friend.
We are[We're] in the living room.

➕ 내신 POINT PLUS

「There is/are+명사」

1 '…이[가] 있다'의 의미로, 뒤에 단수명사가 오면 is를, 복수명사가 오면 are를 쓴다.
There is a candle on the table. (탁자 위에 양초 한 개가 있다.)
There are five birds in the tree. (나무에 새 다섯 마리가 있다.)

2 부정문은 「There is/are not+명사」, 의문문은 「Is/Are there+명사?」의 형태로 쓴다.
There is not a toy here. (장난감은 여기에 없다.)
Are there penguins on the island? - **Yes, there are. / No, there aren't.**
(그 섬에 펭귄들이 있니? – 응, 있어. / 아니, 없어.)

※ There는 문장을 이끄는 말로, '거기'라고 해석하지 않는다.

A 다음 괄호 안에서 알맞은 말을 고르시오.

1 She (am / are / is) a famous singer.

2 Karen and Emily (am / are / is) sisters.

3 It (am / are / is) a very nice car.

B 다음 밑줄 친 부분을 줄여 쓰시오.

1 <u>I am</u> a writer. → _____

2 <u>They are</u> very sleepy. → _____

3 <u>He is</u> in the kitchen. → _____

4 <u>We are</u> close friends. → _____

C 다음 문장을 의문문으로 바꿀 때, 빈칸에 알맞은 말을 쓰시오.

1 There is a singer on the stage.

→ _____ _____ _____ _____ on the

stage?

2 There are two girls in the room.

→ _____ _____ _____ _____ in the room?

D 다음 그림을 보고, 보기 와 같이 빈칸에 알맞은 말을 쓰시오.

보기

<u>There is</u> coffee in the cup.

1

_____ _____ two hamburgers

on the plate.

2

_____ _____ _____ a bed

in the room.

WORDS

A
famous 형 유명한

B
writer 명 작가
sleepy 형 졸린
kitchen 명 부엌, 주방
close 형 가까운

C
stage 명 무대

D
plate 명 접시

📍 GRAMMAR FOCUS

B be동사의 부정문과 의문문

1 be동사의 부정문

1) 형태와 의미: 「주어+be동사+not ...」, '~는 …가 아니다', '~는 (…에) 없다'
I am not a teacher. / **They are not** classmates.

2) 「**주어+be동사+not**」의 줄임말

부정문	줄임말	
I **am not**	I**'m not**	–
You **are not**	You**'re not**	You **aren't**
He/She/It **is not**	He**'s**/She**'s**/It**'s not**	He/She/It **isn't**
We/You/They **are not**	We**'re**/You**'re**/They**'re not**	We/You/They **aren't**

I **am not** a nurse. = I**'m not** a nurse.
You **are not** perfect. = You**'re not** perfect. = You **aren't** perfect.
He **is not** busy. = He**'s not** busy. = He **isn't** busy.
They **are not** tired. = They**'re not** tired. = They **aren't** tired.

> **TIPS**
> am not은 amn't로 줄여서 쓸 수 없다.
> ~~I **amn't** a nurse.~~

2 be동사의 의문문

1) 형태와 의미: 「be동사+주어 ...?」, '~는 …입니까?', '~는 (…에) 있습니까?'
Is he angry? / **Are they** at home?

2) 의문문에 대한 대답

의문문	긍정 대답	부정 대답
Am I ...?	Yes, you are.	No, you aren't.
Are you(단수) ...?	Yes, I am.	No, I'm not.
Is he/she/it ...?	Yes, he/she/it is.	No, he/she/it isn't.
Are we ...?	Yes, you/we are.	No, you/we aren't.
Are you(복수) ...?	Yes, we are.	No, we aren't.
Are they ...?	Yes, they are.	No, they aren't.

Are you Alice's mother? – **Yes, I am.** / **No, I'm not.**
Is she a designer? – **Yes, she is.** / **No, she isn't[she is not/she's not].**
Is it your pen? – **Yes, it is.** / **No, it isn't[it is not/it's not].**

> **TIPS**
> be동사의 의문문에 긍정 대답을 할 때는 줄임말을 쓰지 않는다.
> **Are they** at the bus stop? – **Yes, they are.** (~~Yes, they're.~~)
> – **No, they aren't[they are not/they're not].**
> (그들은 버스 정류장에 있니? – 응, 맞아. – 아니, 그렇지 않아.)

A 다음 괄호 안에서 알맞은 말을 고르시오.

1 He (isn't / aren't) a lazy boy.

2 They (isn't / aren't) in the cafeteria.

3 A: (Am / Are) you ready for the exam?　B: Yes, (we / they) are.

B 다음 밑줄 친 부분을 줄여 쓰시오.

1 I am not sick.　　　　→ _____

2 It is not their house.　→ _____

3 She is not a zookeeper.　→ _____

C 다음 문장을 의문문으로 바꿀 때, 빈칸에 알맞은 말을 쓰시오.

1 He is a movie star.　　→ _____ _____ a movie star?

2 They are late for work. → _____ _____ late for work?

D 다음 그림을 보고, 빈칸에 알맞은 말을 쓰시오.

1

A: Are you happy?

B: Yes, _____ _____.

2

A: Is he a firefighter?

B: No, _____ _____.

3

A: Are they baseball players?

B: No, _____ _____.

4

A: Is she from Japan?

B: Yes, _____ _____.

WORDS

A

lazy 형 게으른
cafeteria 명 구내식당
be ready for …할 준비가 되다
exam 명 시험

B

zookeeper 명 동물원 사육사

C

be late for …에 늦다

D

firefighter 명 소방관
be from … 출신이다

1 다음 밑줄 친 부분 중 어법상 바르지 <u>못한</u> 것은?

① She's <u>not</u> an editor.
② You <u>aren't</u> a doctor.
③ It <u>isn't</u> Jimin's cat.
④ They're <u>not</u> my parents.
⑤ I <u>amn't</u> at school.

2 다음 밑줄 친 부분을 바르게 고치시오.

(1) You <u>is</u> a doctor.   → _____
(2) Joe and Harry <u>is</u> very upset.   → _____
(3) There <u>are</u> a towel in the bathroom.   → _____

3 다음 빈칸에 들어갈 말로 알맞지 <u>않은</u> 것은?

_____ are at the concert hall.

① We   ② He   ③ They
④ The singers   ⑤ Grace and Ron

4 다음 중 짝지어진 대화가 <u>어색한</u> 것은?

① Are you a pilot? – No, I'm not.
② Is the hat expensive? – Yes, it is.
③ Is she your aunt? – No, he isn't.
④ Are they useful? – No, they aren't.
⑤ Is Mr. White your English teacher? – Yes, he is.

5 다음 우리말과 일치하도록 괄호 안의 말을 이용하여 문장을 완성하시오.

해변에 파라솔들이 있다. (there, parasols)

→ _____ _____ _____ on the beach.

WORDS

1
editor 명 편집장

2
upset 형 속상한
towel 명 수건

3
concert hall 콘서트장

4
pilot 명 조종사
expensive 형 비싼
aunt 명 고모, 이모
useful 형 유용한

5
beach 명 해변

A 다음 그림을 보고, 보기 처럼 괄호 안의 말을 이용하여 문장을 완성하시오.

보기 There is a[one] tree in the park. (tree)

1 _____ _____ _____ _____ in the sky. (bird)

2 _____ _____ _____ _____ on the bench. (girl)

3 _____ _____ _____ _____ under the tree. (ball)

4 _____ _____ _____ _____ on the path. (dog)

B 다음 우리말과 일치하도록 괄호 안의 말을 바르게 배열하시오.

1 그는 내 친구이다. (my, he, friend, is)

→ _____

2 그들은 공항에 있습니까? (they, at, are, the airport)

→ _____

3 우리는 형제가 아니다. (are, brothers, not, we)

→ _____

4 책상 위에 컴퓨터 한 대가 있다. (the desk, is, there, a computer, on)

→ _____

Hello, everyone. **I'm** Mayor Johnson. Welcome to the community center's opening ceremony. We ____(A)____ glad to have you here. You can enjoy a lot of events today. The middle school orchestra will play music for you. And you can play basketball for free in the community center's gym. ____(B)____ you hungry? **There are** lots of free snacks and drinks. Thank you for coming today. Enjoy your new community center!

1 위 글의 내용과 일치하지 <u>않는</u> 것은?

① Johnson 시장이 연설을 하고 있다.

② 시민 문화 회관이 새로 문을 열었다.

③ 오케스트라가 곡을 연주할 예정이다.

④ 야외 코트에서 무료로 농구를 할 수 있다.

⑤ 무료 음료와 간식을 즐길 수 있다.

(!) 서술형

2 위 글의 빈칸 (A)와 (B)에 들어갈 알맞은 말을 쓰시오.

(A) _____   (B) _____

WORDS   **mayor** 명 1_____   **welcome** 동 환영하다   **community center** 시민 문화 회관   **opening ceremony** 개관식
   orchestra 명 오케스트라   **for free** 무료로   **gym** 명 체육관   **snack** 명 2_____   **enjoy** 동 즐기다

A 기쁨 · 슬픔 표현하기

> A: I have a picnic today. **I'm so happy!**
> (나는 오늘 소풍을 가. 나는 정말 기뻐!)
>
> B: **That's good!** But it is rainy outside.
> (잘됐다! 그런데 밖에 비가 내려.)
>
> A: Oh, no! **I'm very sad.**
> (아, 안돼! 나는 너무 슬퍼.)

기쁨을 표현할 때는 'I'm so[very] happy.'나 'That's good.' 등으로 말할 수 있다. 슬픔을 표현할 때는 'I'm so[very] sad.' 등으로 말할 수 있다.

➕ EXPRESSION PLUS

1 기쁨 표현하기
- That's great. (정말 좋다.)
- I feel good. (나는 기분이 좋아.)
- I'm glad (to hear that). ((그 말을 들으니) 나는 기뻐.)

2 슬픔 표현하기
- I'm upset. (나는 속상해.)
- I'm not happy. (나는 기쁘지 않아.)

Check-Up

1 다음 대화의 빈칸에 들어갈 말로 알맞은 것은?

> A: There is a birthday party for Mary after school.
>   Can you come?
> B: No, I have homework. _____

① I'm so sad.
② That's great!
③ I'm glad to hear that.
④ I'm so happy.
⑤ I feel good.

WORDS

1
after school 방과 후에

2 다음 중 감정을 표현하는 말을 <u>모두</u> 고르시오.

ⓐ I'm right.
ⓑ I'm glad.
ⓒ I'm not happy.
ⓓ That's good!
ⓔ I have a bad cold.

2
right 혱 옳은
cold 몡 감기

B 관심 묻고 답하기

A: **Are you interested in** music?
(너는 음악에 관심이 있니?)

B: **Yes, I am.** I love rock music so much!
(응, 그래. 나는 록 음악을 아주 좋아해!)

Are you interested in music, too?
(너도 음악에 관심이 있니?)

C: **No, I'm not.** I like exercise.
(아니, 그렇지 않아. 나는 운동을 좋아해.)

상대방에게 어떤 대상에 관심이 있는지 물을 때는 「Are you interested in ...?」의 표현을 쓸 수 있다.
질문에 긍정적으로 대답할 때는 'Yes, I am.', 부정적으로 대답할 때는 'No, I'm not.'이라고 말한다.

➕ EXPRESSION PLUS

A: **Are you interested in** musicals? (너는 뮤지컬에 관심이 있니?)
B: **No, I'm not. I'm interested in** plays. (아니, 그렇지 않아. 나는 연극에 관심이 있어.)
(※ '나는 …에 관심이 있다.'고 말할 때는 「I'm interested in ....」의 표현을 사용한다.)

A: **What are you interested in**? (너는 무엇에 관심이 있니?)
B: **I'm interested in** art. (나는 미술에 관심이 있어.)
(※ 상대방에게 관심 있는 대상을 물을 때는 의문사 what을 사용한다.)

Check-Up

1 다음 질문에 대한 알맞은 응답을 찾아 연결하시오.

(1) What are you interested in?   •

(2) Are you interested in sports? •

(3) Are you interested in dogs?   •

• ⓐ Yes. I love them.

• ⓑ I'm interested in
space science.

• ⓒ No. I'm not interested
in sports.

WORDS

1
space science 우주 과학

2 다음 대화의 빈칸에 들어갈 말로 알맞지 <u>않은</u> 것은?

A: Are you interested in cooking?
B: _____

① Yes, I am.
② No, I'm not.
③ No, I'm a cook.
④ Yes. It's interesting.
⑤ No. I'm interested in fishing.

2
cooking 명 요리
cook 명 요리사
interesting 형 재미있는
fishing 명 낚시

1 다음 중 영어 단어와 우리말 뜻이 <u>잘못</u> 연결된 것은?

① famous – 유명한   ② upset – 준비된
③ lazy – 게으른   ④ useful – 유용한
⑤ close – 가까운

2 다음 우리말과 일치하도록 빈칸에 알맞은 말을 쓰시오.

나는 월요일마다 학교에 늦는다.

→ I _____ _____ _____
  school every Monday.

3 다음 빈칸에 들어갈 말로 알맞지 <u>않은</u> 것을 <u>모두</u> 고르시오.

A: This is a present for you.
B: Thank you. _____

① I'm glad.
② I feel good.
③ I'm very happy.
④ I'm so upset.
⑤ I'm sorry to hear that.

4 다음 빈칸에 들어갈 말로 알맞은 것은?

A: John! We are the winners of the tennis game!
B: _____

① I'm so sad.
② I'm not happy.
③ I'm upset now.
④ I'm a tennis player.
⑤ I'm so happy.

5 다음 문장 뒤로 대화가 자연스럽게 이어지도록 (A)~(C)를 바르게 배열하시오.

What are you interested in, Yumi?

(A) Yes, I am.
(B) I'm interested in history.
(C) Then are you interested in Korean history?

_____ → _____ → _____

[6-7] 다음 우리말과 일치하도록 빈칸에 알맞은 말을 고르시오.

6
그녀는 의사가 아니다.
→ _____ a doctor.

① She is   ② She is not
③ She not is   ④ Is she not
⑤ Is not she

7
그는 Jay의 집에 있다.
→ _____ at Jay's home.

① Is he   ② Is not he
③ He is   ④ He is not
⑤ He are

8 다음 빈칸 ⓐ와 ⓑ에 들어갈 말이 바르게 짝지어진 것은?

• There ___ⓐ___ a cup on the table.
• There ___ⓑ___ trees in the garden.

　　ⓐ　　ⓑ　　　　　　　ⓐ　　ⓑ
① am – is   ② is – is
③ is – are   ④ are – is
⑤ are – are

9 다음 빈칸에 공통으로 들어갈 말로 알맞은 것은?

- A: Are _____ in the classroom?
  B: No, I'm not.
- A: Are _____ from England?
  B: Yes, we are.

① I   ② we   ③ he
④ you   ⑤ they

[10-11] 다음 대화의 빈칸에 들어갈 말로 알맞은 것을 고르시오.

10 A: Are Edward and Dean brothers?
    B: _____

① Yes, he is.   ② No, they are.
③ Yes, we are.   ④ No, we aren't.
⑤ Yes, they are.

11 A: Are there many cars in the parking lot?
    B: _____

① No, it isn't.   ② Yes, they are.
③ Yes, there aren't.   ④ No, aren't there.
⑤ No, there aren't.

[12-13] 다음 대화의 빈칸에 알맞은 말을 현재형으로 쓰시오.

12 A: _____ _____ a scientist?
    B: Yes, he _____.

13 A: _____ _____ professors?
    B: No, they _____.

14 다음 빈칸에 들어갈 말이 나머지 넷과 <u>다른</u> 것은?

① It _____ her locker.
② They _____ my family.
③ This _____ not his watch.
④ She _____ seven years old.
⑤ Our dad _____ busy every day.

15 다음 밑줄 친 부분의 의미가 보기 와 <u>다른</u> 것은?

보기 I <u>am</u> an English teacher.

① They <u>are</u> actors.
② It <u>is</u> a sheep.
③ He <u>is</u> in the library.
④ She <u>is</u> an announcer.
⑤ We <u>are</u> best friends.

[16-17] 다음 밑줄 친 부분을 바르게 고치시오.

16 <u>Are</u> Carl thirsty now?

    → _____

17 There <u>is</u> bears on the road right now.

    → _____

18 다음 중 어법상 바르지 <u>못한</u> 것은?

① It isn't a funny movie.
② Is he ready for the exam?
③ Is there a clock on the wall?
④ Are Mr. Heinz at a restaurant?
⑤ There aren't people in the pool.

19 다음 중 짝지어진 대화가 <u>어색한</u> 것은?

① A: Am I right?
　B: Yes, you are.
② A: Is she in Switzerland?
　B: No, she isn't.
③ A: Is your hobby hiking?
　B: Yes, I am.
④ A: Are you good dancers?
　B: Yes, we are.
⑤ A: Is Mr. Simpson your uncle?
　B: No, he isn't.

20 다음 우리말을 영어로 바르게 옮긴 것은?

Daniel은 너의 형이니?

① Am Daniel your older brother?
② Are Daniel your older brother?
③ Is Daniel your older brother?
④ Isn't Daniel your older brother?
⑤ Aren't Daniel your older brother?

21 다음 밑줄 친 부분 중 어법상 바르지 <u>못한</u> 것은?

A: Look! Those ① <u>are</u> Jenny's children.
B: ② <u>Are</u> ③ <u>they</u> elementary school students?
A: No, they ④ <u>not are</u>. ⑤ <u>They're</u> middle school students.

[22-23] 다음 표의 내용과 일치하도록 대화를 완성하시오.

Name	Age	Hometown
Jane	19	Phoenix
Nick	17	New York

22 A: Is Phoenix Jane's hometown?
　　B: _____

23 A: Is Nick 19 years old?
　　B: _____

24 다음 문장을 괄호 안의 지시대로 바꿔 쓰시오.

That is Lily's eraser. (의문문으로)

→ _____
　_____

25 다음 우리말과 일치하도록 주어진 조건과 괄호 안의 말을 이용하여 영작하시오.

조건 1 there로 문장을 시작할 것
조건 2 7단어로 쓸 것

새장 안에 새 두 마리가 있다.
(bird, in the cage)

→ _____
　_____

WORD LIST

✅ Grammar

☐ grass 명 잔디
☐ island 명 섬
☐ writer 명 작가
☐ sleepy 형 졸린
☐ kitchen 명 부엌, 주방
☐ close 형 가까운
☐ stage 명 무대
☐ plate 명 접시
☐ lazy 형 게으른
☐ cafeteria 명 구내식당
☐ be ready for …할 준비가 되다
☐ exam 명 시험
☐ zookeeper 명 동물원 사육사
☐ be late for …에 늦다
☐ firefighter 명 소방관
☐ be from … 출신이다
☐ editor 명 편집장
☐ upset 형 속상한
☐ towel 명 수건
☐ concert hall 콘서트장
☐ pilot 명 조종사
☐ expensive 형 비싼
☐ aunt 명 고모, 이모
☐ useful 형 유용한
☐ beach 명 해변
☐ path 명 길
☐ airport 명 공항

✅ Reading

☐ mayor 명 시장
☐ welcome 동 환영하다
☐ opening ceremony 개관식

☐ for free 무료로
☐ gym 명 체육관
☐ snack 명 간식, 간단한 식사

✅ Communication

☐ rainy 형 비가 오는
☐ after school 방과 후에
☐ right 형 옳은
☐ cold 명 감기
☐ cooking 명 요리
☐ cook 명 요리사
☐ interesting 형 재미있는
☐ fishing 명 낚시

✅ Final Test

☐ present 명 선물
☐ garden 명 정원
☐ parking lot 주차장
☐ scientist 명 과학자
☐ busy 형 바쁜
☐ library 명 도서관
☐ announcer 명 아나운서
☐ thirsty 형 목이 마른
☐ pool 명 수영장
☐ hiking 명 하이킹, 도보 여행
☐ uncle 명 삼촌
☐ hometown 명 고향
☐ cage 명 우리; 새장

CHAPTER 03

동사 2

Mina

You **exercise** every day.
Do you like it a lot?
(너는 매일 운동을 하는구나. 운동을 많이 좋
아하니?)

No, I don't like it much. But I
eat a lot, so I **need** exercise.
(아니, 나는 운동을 많이 좋아하지는 않아.
하지만 나는 많이 먹어서 운동이 필요해.)

Jane

GRAMMAR FOCUS ··

A 일반동사의 현재형

1 일반동사

be동사(am, are, is 등)와 조동사(may, can, will, must 등)를 제외한 모든 동사로, 주어의 동작이나 상태를 나타낸다.
예) eat(먹다), feel(느끼다), need(필요하다), want(원하다), work(일하다) 등

2 일반동사의 현재형

일반동사의 현재형은 현재의 사실이나 반복적인 습관을 나타낸다.

1) 주어가 1인칭, 2인칭이거나 복수일 때: 동사원형 그대로 쓴다.

I **play** the piano in my free time.
You **have** beautiful eyes.
We **speak** English very well.
They **visit** their grandparents every Saturday.
Snails **move** very slowly.

2) 주어가 3인칭 단수일 때: 보통 「동사원형+-(e)s」 형태로 쓰지만 예외의 경우도 있다.

	동사의 형태	만드는 법	예
규칙 변화	대부분의 동사	동사원형+-s	sees, meets, runs, looks, sleeps, takes, lives, eats, plays 등
	-ch, -sh, -x, -s, -o로 끝나는 동사	동사원형+-es	teaches, washes, fixes, mixes, passes, does, goes 등
	「자음+-y」로 끝나는 동사	y를 i로 고치고+-es	worry → worries, fly → flies, cry → cries, try → tries, study → studies 등
불규칙 변화	have → **has**		

The dog **barks** at me.
He **watches** TV late at night.
Sarah always **does** her best.
The bird **flies** high in the sky.
Linda **has** a lot of books.

A 다음 동사의 3인칭 단수 현재형을 쓰시오.

1 like – _____   2 go – _____

3 miss – _____   4 mix – _____

5 know – _____   6 try – _____

7 enjoy – _____   8 catch – _____

B 다음 괄호 안에서 알맞은 말을 고르시오.

1 Laura (wear / wears) glasses.

2 I (have / has) three brothers.

3 He (live / lives) in New York.

4 Dr. Park (worry / worries) about me.

5 Cathy and I (like / likes) quiet music.

C 다음 괄호 안의 말을 빈칸에 알맞은 형태로 쓰시오.

1 She _____ in the ocean. (swim)

2 The baby _____ on the subway. (cry)

3 My brother _____ the dishes. (wash)

4 Tom _____ Chinese at school. (study)

5 The building _____ a large parking lot. (have)

D 다음 빈칸에 들어갈 말을 보기 에서 골라 알맞은 형태로 쓰시오.

보기   drink   teach   work   need

1 It is very dark here. We _____ a candle.

2 Emily and I _____ apple juice every day.

3 Ms. Brown is a teacher. She _____ English.

4 Joe is a waiter. He _____ in a Japanese restaurant.

WORDS

A
miss 동 놓치다
try 동 노력하다
catch 동 잡다

B
wear 동 입다, 착용하다
quiet 형 조용한

C
ocean 명 대양, 바다
wash the dishes 설거지를 하다
Chinese 명 중국어
building 명 건물
parking lot 주차장

D
dark 형 어두운
candle 명 양초
waiter 명 종업원
Japanese 형 일본의

B 일반동사의 부정문과 의문문

1 일반동사의 부정문

1) 형태와 의미: 「주어+do/does not+동사원형 …」, '~는 …하지 않는다'
I **do not work** at a bank.
Nick **does not play** baseball.

2) 「do/does not+동사원형」의 줄임말

주어	일반동사의 부정형	줄임말
1인칭, 2인칭, 복수	do not+동사원형	don't+동사원형
3인칭 단수	does not+동사원형	doesn't+동사원형

You **don't[do not] understand** me.
We **don't ride** bicycles.
She **doesn't[does not] like** broccoli.

> **TIPS**
>
> 일상 대화에서는 줄임말인 don't나 doesn't를 더 많이 쓴다. 단, 부정의 의미를 강조할 때는 줄임말을 쓰지 않기도 한다.
> I **do not break** the law. (나는 법을 어기지 않는다.)

2 일반동사의 의문문

1) 형태와 의미: 「Do/Does+주어+동사원형 …?」, '~는 …합니까?'
Do they have fun?
Does he want coffee?

2) 의문문에 대한 대답

주어	일반동사의 의문문	긍정 대답	부정 대답
1인칭, 2인칭, 복수	Do+주어+동사원형 …?	Yes, 주어+do.	No, 주어+don't.
3인칭 단수	Does+주어+동사원형 …?	Yes, 주어+does.	No, 주어+doesn't.

Do you believe me? – **Yes, I do. / No, I don't[do not].**
Do they like cartoons? – **Yes, they do. / No, they don't[do not].**
Does he cook well? – **Yes, he does. / No, he doesn't[does not].**
Does she eat fast? – **Yes, she does. / No, she doesn't[does not].**

A 다음 괄호 안에서 알맞은 말을 고르시오.

1 My brothers (don't / doesn't) have smartphones.

2 The restaurant (don't / doesn't) sell alcohol.

3 (Do / Does) they know about the news?

4 Does she (like / likes) fried chicken?

WORDS

A
alcohol 명 술

B 다음 문장을 괄호 안의 형태로 바꿀 때, 빈칸에 알맞은 말을 쓰시오.

1 Jane lives a happy life. (부정문)

→ Jane _____ _____ a happy life.

2 We eat salmon sandwiches. (부정문)

→ We _____ _____ salmon sandwiches.

3 She has an umbrella today. (의문문)

→ _____ _____ _____ an umbrella today?

4 They grow flowers in the garden. (의문문)

→ _____ _____ _____ flowers in the garden?

B
salmon 명 연어
umbrella 명 우산
grow 동 자라다; *기르다

C 다음 질문에 대한 대답을 보기 에서 고르시오.

보기 ⓐ No, I don't.　ⓑ No, he doesn't.　ⓒ Yes, she does.

1 Does Mary keep a diary?

2 Does Mr. Lee drive well?

3 Do you go to school early?

C
keep a diary 일기를 쓰다
early 부 일찍

D 다음 그림을 보고, 괄호 안의 말을 이용하여 대화를 완성하시오.

1

A: _____ you _____
on the floor? (sleep)

B: _____, I _____ .

2

A: _____ he _____
the guitar? (play)

B: _____, he _____ .

D
floor 명 (방의) 바닥

1 다음 밑줄 친 부분을 바르게 고치시오. (단, 동사의 시제는 현재형으로 쓸 것)

(1) The girls <u>tries</u> their best.　　　　→ _____

(2) We <u>doesn't talk</u> much.　　　　→ _____

(3) My son <u>brush</u> his teeth by himself.　→ _____

WORDS

1
try one's best 최선을 다하다
brush one's teeth 이를 닦다

2 다음 빈칸에 들어갈 말로 알맞지 <u>않은</u> 것은?

_____ goes to a movie every weekend.

① He　　　　② Chris　　　　③ My mother
④ The girl　　　⑤ The children

2
go to a movie 영화를 보러 가다

3 다음 중 어법상 바르지 <u>못한</u> 것을 <u>모두</u> 고르시오.

① I have two daughters.
② Nate likes the new coat.
③ Anthony and Bob drink soda.
④ Mike do not clean his room.
⑤ Does Lucy wears skirts?

3
clean 동 (깨끗이) 청소하다

4 다음 빈칸에 공통으로 들어갈 말을 쓰시오.

· I _____ not eat meat.
· Hey, _____ you speak English?

4
meat 명 고기
speak 동 말하다

5 다음 우리말과 일치하도록 괄호 안의 말을 이용하여 대화를 완성하시오.

A: 그녀는 잡지를 읽니? (read, magazines)
B: 아니, 그렇지 않아.

→ A: _____ she _____ _____?
　 B: No, _____ _____.

5
magazine 명 잡지

A 다음은 용준이네 가족의 일요일 일상을 보여주는 그림이다. 그림을 보고, 보기 처럼 괄호 안의 말을 이용하여 문장을 완성하시오.

보기 Mom <u>doesn't sleep</u> in her room. (sleep)
She <u>takes a shower</u>. (take a shower)

1 My brother and I _____ _____ board games. (play)

We _____ _____. (watch TV)

2 My sister _____ _____ to music. (listen)

She _____ _____. (sing songs)

3 Dad _____ _____ the garden. (clean)

He _____ _____ _____. (wash his car)

B 다음 문자 메시지의 밑줄 친 문장을 바르게 고치시오.

1

Hello, Peter!
<u>Does you have time today?</u>
Let's play soccer together!

 Jake

→ _____

2

No, I have time today.
<u>My English tutor comes today.</u>

 Peter

→ _____

Dear Dr. Stark,

A cat **lives** near my house. She **doesn't have** a home. She **wanders** around all day. She (A) <u>look</u> hungry, so I **bring** her cat food. But she **doesn't eat** it. She just **runs** away. **Does she hate** cat food?

Sujin

Hello Sujin,

The cat (B) <u>not hate</u> cat food. She is just nervous. *Feral cats are different from house cats. They **live** outside and **hunt** for food. They **don't like** people. Don't worry. She is fine!

Dr. Stark

*feral cat 길고양이, 집 없는 고양이

1 수진이가 Stark 박사에게 편지를 쓴 의도는 무엇인가?

① 고양이에게 집을 찾아주기 위해서

② 고양이를 잘 보살피는 법을 배우기 위해서

③ 고양이가 보이는 행동에 대해 물어보기 위해서

④ 동물 보호 단체에 고양이를 맡기기 위해서

⑤ 고양이가 좋아하는 음식을 알고 싶어서

(!) 서술형

2 위 글의 밑줄 친 (A)와 (B)를 바르게 고치시오.

(A) _____   (B) _____

WORDS	**near** 전 …에서 가까이	**wander** 동 돌아다니다, 거닐다	**all day** 온종일	**bring** 동 가져다주다	**run away** 달아나다
	hate 동 ¹_____	**nervous** 형 ²_____		**hunt** 동 찾다[뒤지다]	**worry** 동 걱정하다

COMMUNICATION ●●

동사 2 ●●● 45

A 음식 권하고 답하기

> A: **Do you want some** lemon pie?
> (레몬 파이 좀 드실래요?)
>
> B: **Yes, please.**
> (네, 주세요.)

상대방에게 음식을 권할 때는 「Do you want some ...?」이라고 말할 수 있다. 상대방이 음식을 권했을 때는, 'Yes, please.' 등으로 수락할 수 있다.

➕ EXPRESSION PLUS

1 음식 권하기
- Help yourself. (마음껏 드세요.)
- Please go ahead. (어서 드세요.)
- Taste this. / Have a taste of this. (이것 좀 맛보세요.)

2 대답하기
- Thank you. (고맙습니다.) / Yes, thanks. (네, 고마워요.)
- No, thanks. (아니에요, 괜찮습니다.) / No, I'm full. (아니에요, 저는 배가 불러요.)

Check-Up

1 다음 대화의 빈칸에 들어갈 말로 알맞지 <u>않은</u> 것을 모두 고르시오.

> A: Taste this chocolate cookie.
> B: _____

① No, I'm full.
② Have a taste of this.
③ Thank you.
④ No, thanks.
⑤ Help yourself.

WORDS

1
taste 동 맛보다 명 맛보기
full 형 배부른

2 다음 우리말과 일치하도록 빈칸에 알맞은 말을 쓰시오.

피자 좀 드시겠습니까?

→ _____ _____ _____ _____ pizza?

B 능력 묻고 답하기

A: **Are you good at** Japanese**?**
(너는 일본어를 잘하니?)

B: No, I'm not. But **I'm good at** English!
(아니, 그렇지 않아. 하지만 나는 영어를 잘해!)

'너는 …를 잘하니?'의 의미로 상대방에게 능력을 물을 때는 「Are you good at …?」이라고 말할 수 있다.
'나는 …를 잘한다.'라고 말할 때는 「I'm good at …」의 표현을 쓸 수 있다.

※ be good at은 '…를 잘하다, …에 능숙하다'의 의미로, at 뒤에 명사를 쓴다.

➕ EXPRESSION PLUS

A: **Can you** make spaghetti? (너는 스파게티를 만들 수 있니?)

B: **Yes, I can.** / **No, I can't.** (응, 할 수 있어. / 아니, 할 수 없어.)

Check-Up

1   다음 대화의 빈칸에 들어갈 말로 알맞은 것은?

> A: Can you jump over this fence?
> B: _____ It is too high.

① Yes, I am.
② Yes, I can.
③ No, I can't.
④ No, I don't.
⑤ No, thanks.

WORDS

1
jump over …를 뛰어넘다
fence 명 울타리
high 형 높은

2   다음 우리말과 일치하도록 빈칸에 알맞은 말을 쓰시오.

> 너는 테니스를 잘하니, Kyle?
>
> → _____ _____ _____ _____ tennis, Kyle?

1 다음 중 영어 단어와 우리말 뜻이 <u>잘못</u> 연결된 것은?

① try – 노력하다　　② early – 일찍
③ floor – 바닥　　④ clean – 청소하다
⑤ meat – 만나다

2 다음 빈칸에 들어갈 말로 가장 알맞은 것은?

She _____ a uniform at school.

① plays　　② enjoys　　③ asks
④ wears　　⑤ speaks

3 다음 대화의 빈칸에 들어갈 말로 알맞지 <u>않은</u> 것은?

A: Do you want some ice cream?
B: _____

① Yes, thank you.　　② No, thanks.
③ Yes, please.　　④ Please go ahead.
⑤ No, I'm full.

4 다음 대화의 빈칸에 들어갈 말로 알맞은 것은?

A: _____
B: Yes, I am. I'm an excellent soccer player.

① Do you play soccer?
② Can you play soccer?
③ Are you a soccer fan?
④ Are you good at soccer?
⑤ Are you with a soccer player?

5 다음 문장 뒤로 대화가 자연스럽게 이어지도록 (A)~(C)를 바르게 배열하시오.

Welcome to my home. Help yourself!

(A) Have a taste of this apple pie.
(B) Thank you. There is a lot of food!
(C) No, thanks. I don't like apple pie. I'll try another food.

_____ → _____ → _____

6 다음 빈칸에 들어갈 말로 알맞지 <u>않은</u> 것은?

_____ sings very well.

① He　　② Anne　　③ That singer
④ My sister　　⑤ The women

7 다음 중 어법상 바르지 <u>못한</u> 것은?

① She doesn't eat spicy food.
② She fixes computers well.
③ Sam drinks water every morning.
④ Peter have three watches.
⑤ Jacob gets up late.

8 다음 빈칸에 공통으로 들어갈 말로 알맞은 것은?

• The shop _____ not open at 9 a.m.
• _____ Ron play the violin?

① is[Is]　　② be[Be]　　③ are[Are]
④ do[Do]　　⑤ does[Does]

9 다음 밑줄 친 부분 중 어법상 바른 것은?

① Her father <u>teachs</u> math.
② Tom <u>goes</u> to bed at midnight.
③ John <u>haves</u> dinner with his son.
④ My mother <u>worrys</u> about me all the time.
⑤ Matt <u>do</u> his homework after school.

[10-11] 다음 대화의 빈칸에 들어갈 말로 알맞은 것을 고르시오.

10
A: Do Joe and Andy go mountain climbing on Saturdays?
B: Yes, _____.

① he does   ② we do
③ you do   ④ they do
⑤ they don't

11
A: Does she have a pet?
B: No. She _____ a pet.

① don't has   ② don't have
③ doesn't has   ④ doesn't have
⑤ does have not

12 다음 대화의 빈칸 ⓐ와 ⓑ에 들어갈 말이 바르게 짝지어진 것은?

A: Does he ___ⓐ___ pasta?
B: Yes. He ___ⓑ___ pasta very much.

	ⓐ	ⓑ		ⓐ	ⓑ
①	like	– like	②	like	– likes
③	likes	– like	④	likes	– likes
⑤	like	– doesn't like

13 다음 빈칸에 들어갈 말이 나머지 넷과 <u>다른</u> 것은? (단, 시제는 현재형임)

① I _____ not lie to you.
② _____ you like black tea?
③ We _____ not talk in class.
④ _____ Sue and Ian study English?
⑤ _____ she stay home on weekends?

[14-15] 다음 우리말과 일치하도록 괄호 안의 말을 이용하여 문장을 완성하시오.

14
그녀는 저녁에는 커피를 마시지 않는다. (drink, coffee)

→ She _____ _____ _____ in the evening.

15
그는 매일 아침 운동을 하니? (exercise)

→ _____ _____ _____ every morning?

16 다음 밑줄 친 부분 중 어법상 바르지 <u>못한</u> 것은?

I ① <u>take</u> a yoga class. I ② <u>enjoy</u> it. My brother ③ <u>goes</u> to baseball lessons. But he ④ <u>doesn't like</u> it. My parents ⑤ <u>has</u> a cooking class every Sunday.

17 다음 중 짝지어진 대화가 <u>어색한</u> 것은?

① A: Do you study Spanish?
  B: No, I don't. I study Korean.
② A: Do I send you text messages too
    often?
  B: No, you don't.
③ A: Does Mr. Jones drink wine?
  B: Yes, he does. He loves wine.
④ A: Does she work now?
  B: Yes, she does. She is a student.
⑤ A: Does it rain much in Korea?
  B: Yes, it does, especially in summer.

18 다음 우리말을 영어로 바르게 옮긴 것은?

Sean은 아침을 먹지 않는다.

① Sean isn't eat breakfast.
② Sean not eats breakfast.
③ Sean don't eat breakfast.
④ Sean doesn't eat breakfast.
⑤ Sean does eat not breakfast.

⚠️ 서술형

[19-20] 괄호 안의 말을 이용하여 다음 대화를 완성하시오.

19 A: _____ you _____ dinner on
    weekends? (cook)
  B: Yes, _____ _____.

20 A: _____ Paul _____ the
    newspaper every morning? (read)
  B: No, _____ _____. He
    _____ a book.

[21-22] 다음 문장을 괄호 안의 지시대로 바꿔 쓰시오.

21 He walks his dog in the park.
    (부정문으로)

→ _____

_____

22 Music relaxes people. (의문문으로)

→ _____

_____

23 다음 우리말과 일치하도록 괄호 안의 말을 이용하여 영작하시오.

A: <u>그들은 도시에 사니?</u> (in the city)
B: No, they don't. They live in the
  country.

→ _____

_____

24 다음 우리말과 일치하도록 주어진 조건을 이용하여 영작하시오.

조건 1 own, a necklace를 사용할 것
조건 2 5단어로 작성할 것

Amy는 목걸이를 갖고 있니?

→ _____

_____

WORD LIST

✓ Grammar

☐ beautiful	형 아름다운
☐ miss	동 놓치다
☐ try	동 노력하다
☐ catch	동 잡다
☐ wear	동 입다, 착용하다
☐ quiet	형 조용한
☐ ocean	명 대양, 바다
☐ wash the dishes	설거지를 하다
☐ Chinese	명 중국어
☐ dark	형 어두운
☐ candle	명 양초
☐ waiter	명 종업원
☐ Japanese	형 일본의
☐ grow	동 자라다; 기르다
☐ keep a diary	일기를 쓰다
☐ early	부 일찍
☐ floor	명 (방의) 바닥
☐ try one's best	최선을 다하다
☐ go to a movie	영화를 보러 가다
☐ clean	동 (깨끗이) 청소하다
☐ meat	명 고기
☐ magazine	명 잡지
☐ take a shower	샤워하다
☐ wash one's car	세차하다

✓ Reading

☐ near	전 …에서 가까이
☐ wander	동 돌아다니다, 거닐다
☐ all day	온종일
☐ bring	동 가져다주다
☐ run away	달아나다
☐ hate	동 몹시 싫어하다

☐ nervous	형 불안해하는
☐ worry	동 걱정하다

✓ Communication

☐ full	형 배부른
☐ jump over	…를 뛰어넘다
☐ fence	명 울타리
☐ high	형 높은

✓ Final Test

☐ uniform	명 교복
☐ spicy	형 매운
☐ fix	동 수리하다
☐ get up	일어나다
☐ midnight	명 자정, 열두 시
☐ all the time	항상
☐ stay	동 계속 머무르다
☐ take a class	수업을 받다
☐ newspaper	명 신문
☐ walk	동 (동물을) 산책시키다
☐ relax	동 쉬게 하다, 편하게 하다
☐ country	명 국가; 시골
☐ own	동 소유하다
☐ necklace	명 목걸이

CHAPTER 04

동사의 시제 1

Mom

You **were** late for dinner.
(저녁 식사에 늦었더구나.)

Sorry, Mom. I **was** at John's house.
(미안해요, 엄마. 저는 John네 집에 있었어요.)

Son

Mom

Oh, that's strange. He **was** here this afternoon.
(아, 그거 이상하구나. 그 애는 오늘 오후에 여기 있었는데.)

GRAMMAR FOCUS ·································

🅐 be동사의 과거형

1 형태와 의미

am/is의 과거형은 was, are의 과거형은 were로 쓰며, '…이었다, (…에) 있었다'의 의미를 나타낸다.

I **was** nervous.
He **was** a professor.
We **were** in San Francisco.

> **TIPS**
>
> 과거시제와 함께 자주 쓰이는 부사(구)
> - yesterday(어제)　　• then/at that time(그때)　　• in 2017(2017년에)
> - last month(지난 달에)　　• a week ago(일주일 전에)
>
> I *was* very happy **yesterday**. (나는 어제 정말 행복했다.)
> She *was* a flight attendant **two years ago**. (그녀는 2년 전에 승무원이었다.)

2 be동사 과거형의 부정문

1) 형태와 의미: 「주어+was/were not …」 '~는 …가 아니었다', '~는 …(에) 없었다'
The question **was not** simple.
Jay and his mom **were not** home.

2) was/were not의 줄임말: wasn't, weren't
She **wasn't** sad.
They **weren't** at the bookstore.

3 be동사 과거형의 의문문

1) 형태와 의미: 「Was/Were+주어 …?」 '~는 …이었습니까?', '~는 …(에) 있었습니까?'
Was Jason at the park?
Were the students excited?

2) 의문문에 대한 대답: 「Yes, 주어+was/were.」 / 「No, 주어+wasn't/weren't.」
Was Victoria sick this morning?
– **Yes, she was.** / **No, she wasn't**[was not].
Were they at the library in the afternoon?
– **Yes, they were.** / **No, they weren't**[were not].

A 다음 괄호 안에서 알맞은 말을 고르시오.

1 I (am / was / were) scared at that time.

2 (Are / Was / Were) you busy last weekend?

3 They (are / was / were) at the café last night.

4 Ben and Sean (aren't / wasn't / weren't) hungry an hour ago.

B 다음 빈칸에 알맞은 말을 쓰시오.

1 Kelly _____ in Korea in 2015.

2 He _____ a fisherman five years ago.

3 Bruce and I _____ tired this morning.

C 다음 문장을 괄호 안의 형태로 바꿀 때, 빈칸에 알맞은 말을 쓰시오.

1 That was a good idea. (의문문)

→ _____ _____ a good idea?

2 You were free at that time. (의문문)

→ _____ _____ free at that time?

3 My grandfather was a teacher. (부정문)

→ My grandfather _____ _____ a teacher.

4 His parents were poor then. (부정문)

→ His parents _____ _____ poor then.

D 다음 그림을 보고, 대화를 완성하시오.

1

A: _____ he alone last night?

B: Yes, _____ _____ .

2

A: _____ you and your mom at the movie theater yesterday?

B: No, _____ _____ .

WORDS

A
scared 형 겁먹은

B
fisherman 명 어부
tired 형 피로한, 피곤한

C
free 형 한가한
poor 형 가난한

D
alone 형 혼자
movie theater 영화관

GRAMMAR FOCUS ·

B 일반동사의 과거형

1 일반동사의 과거형

주어의 수와 인칭에 관계없이 동사원형에 -(e)d를 붙이지만, 불규칙적으로 변하는 동사도 있다.

	동사의 형태	만드는 법	예
규칙 변화	대부분의 동사	동사원형+-ed	help**ed**, call**ed**, play**ed** 등
	-e로 끝나는 동사	동사원형+-d	like**d**, live**d**, move**d**, close**d** 등
	「자음+-y」로 끝나는 동사	y를 i로 바꾸고+-ed	worry → worr**ied**, try → tr**ied**, cry → cr**ied** 등
	「단모음+단자음」으로 끝나는 동사	자음을 한 번 더 쓰고+-ed	plan → plan**ned**, stop → stop**ped**, drop → drop**ped** 등
불규칙 변화	현재형과 과거형이 같은 동사		put → **put**, cut → **cut**, hit → **hit**, read[rid] → **read**[red] 등
	현재형과 과거형이 다른 동사		drink → **drank**, tell → **told**, see → **saw**, have → **had**, come → **came**, take → **took**, get → **got**, buy → **bought**, give → **gave**, eat → **ate**, go → **went**, lose → **lost** 등

I **cleaned** my room.
They **liked** his idea.
The chef **put** salt in the soup.
She **got** an email this morning.

2 일반동사 과거형의 부정문

1) 형태와 의미: 「주어+did not+동사원형 …」 '~는 …를 하지 않았다'
I **did not keep** a diary.
James **did not move** the desk.

2) did not의 줄임말: 「didn't+동사원형」
Susan **didn't have** breakfast at home.
We **didn't see** a musical.

3 일반동사 과거형의 의문문

1) 형태와 의미: 「Did+주어+동사원형 …?」 '~는 …했습니까?'
Did you wash the dishes?
Did he sleep well last night?

2) 의문문에 대한 대답: 「Yes, 주어+did.」/「No, 주어+didn't.」
Did Mary and her dad go to the shopping mall?
- **Yes, they did.** / **No, they didn't[did not].**

Check-Up

A 다음 동사의 과거형을 쓰시오.

1 cut   – _____   2 drink – _____

3 cry   – _____   4 stop – _____

5 touch – _____   6 close – _____

WORDS

A
stop 동 멈추다
close 동 닫다

B 다음 괄호 안에서 알맞은 말을 고르시오.

1 My brother (lie / lied) to me yesterday.

2 She (doesn't / didn't) eat lunch an hour ago.

3 (Do / Did) you do the laundry last night?

4 I (droped / dropped) a cup this morning.

B
lie 동 거짓말하다
do the laundry 빨래하다
drop 동 떨어뜨리다

C 다음 괄호 안의 말을 빈칸에 알맞은 형태로 쓰시오.

1 I _____ James at that time. (call)

2 They _____ in Chicago last year. (live)

3 Ted _____ basketball two days ago. (play)

4 Sue _____ a comic book yesterday. (read)

C
comic book 만화책

D 다음 문장을 괄호 안의 형태로 바꿀 때, 빈칸에 알맞은 말을 쓰시오.

1 Anne ate pizza and pasta. (의문문)

→ _____ _____ _____ pizza and pasta?

2 They bought T-shirts for their children. (부정문)

→ _____ _____ _____ T-shirts for their children.

E 다음 그림을 보고, 괄호 안의 단어를 이용하여 대화를 완성하시오.

A: _____ you _____ a car yesterday? (drive)

B: No, _____ _____.

1 다음 중 동사의 과거형이 <u>잘못</u> 연결된 것은?

① live – lived　　　　② try – tryed
③ put – put　　　　④ come – came
⑤ plan – planned

WORDS

2 다음 밑줄 친 부분을 바르게 고치시오.

(1) I <u>watch not</u> a movie last night.　　→ _____
(2) Tina and Sera <u>wasn't</u> in the classroom.　→ _____
(3) Did Charlie <u>hitted</u> a home run last game? → _____

2
classroom 몡 교실

3 다음 빈칸에 공통으로 들어갈 말을 쓰시오.

· The weather _____ nice last weekend.
· She _____ at the airport two hours ago.

3
weekend 몡 주말
airport 몡 공항

4 다음 중 어법상 바르지 <u>못한</u> 것을 <u>모두</u> 고르시오.

① Was she happy last Christmas?
② He went to Paris a month ago.
③ I gived a present to him.
④ Did you swim in the pool yesterday?
⑤ Was they famous singers a few years ago?

4
present 몡 선물

5 다음 우리말과 일치하도록 괄호 안의 말을 이용하여 문장을 완성하시오.

Arthur는 30분 전에 지하철을 탔니? (take, the subway)

→ _____ Arthur _____ _____ _____
30 minutes ago?

5
take 동 (교통수단을) 타다
subway 몡 지하철

A 다음은 민준이의 일기이다. 그림을 보고, 괄호 안의 말을 이용하여 문장을 완성하시오.

May 5, Sunny

I went to the aquarium with my sister, Hajin.

1

We saw dolphins.

Their smiles _____ _____. (be, lovely)

2

We were thirsty.

We _____ _____ in the cafeteria.

(drink, juice)

3

We went to the gift shop.

My sister _____ _____ _____ for me.

(buy, a toy)

We had a great time together!

B 다음은 소희의 3년 전과 현재 모습을 나타낸 그림이다. 그림을 보고, 보기 처럼 문장을 완성하시오.

three years ago

now

보기   Sohee is in middle school now.

She <u>wasn't in middle school</u> three years ago.

1   She wears a school uniform now.

→ _____ three years ago.

2   She isn't afraid of cats now.

→ _____ three years ago.

Many people say, "The number 13 is unlucky." This belief **came** from a Norwegian *myth. Loki ① <u>was</u> the god of *destruction. The other gods ② <u>didn't like</u> him. One day, 12 gods **had** a party. Did they ③ <u>invited</u> Loki to the party? **No, they didn't**. Loki ④ <u>found out</u> about the party. He **got** very angry. He **came** to the party and ⑤ <u>fought</u> them. Unfortunately, he **killed** Balder, the god of joy. After that, 13 **became** an unlucky number. Why? Loki **was** the 13th guest!

*myth 신화
*destruction 파괴

1 위 글의 주제로 가장 알맞은 것은?

① 노르웨이 신화의 기원

② 파괴의 신 Loki의 죽음

③ 숫자 13과 관련된 미신들

④ 13이 불길한 숫자가 된 유래

⑤ 노르웨이 사람들이 불길하다고 생각하는 숫자

2 위 글의 밑줄 친 부분 중 어법상 바르지 <u>못한</u> 것은?

①   ②   ③   ④   ⑤

WORDS	unlucky 형 불행한, 불길한 belief 명 믿음 come from … 출신이다; *…에서 비롯되다 (come-came)

Norwegian 형 노르웨이의   god 명 신   other 형 ¹_____   invite 동 초대하다

find out 알게 되다 (find-found)   fight 동 싸우다 (fight-fought)   unfortunately 부 유감스럽게도   joy 명 기쁨

become 동 …가 되다 (become-became)   guest 명 ²_____

COMMUNICATION

A 계절·날씨 묻고 답하기

A: **What season is it** in London?
(런던은 무슨 계절이니?)

B: **It's autumn.** (가을이야.)

A: **What's the weather like** there?
(거기 날씨는 어떠니?)

B: **It's windy.** And **we have a lot of rain**.
(바람이 불어. 그리고 비가 많이 와.)

계절을 물을 때는 'What season is it?'으로 말할 수 있고, 'It's autumn.' 등으로 대답한다. 날씨는 'What's the weather like?', 'How's the weather?' 등으로 물을 수 있으며, 'It's windy.' 등으로 대답할 수 있다.

➕ EXPRESSION PLUS

A: **What season is it?** (무슨 계절이니?)

B: **It's spring[summer/fall/winter].** (봄[여름/가을/겨울]이야.)

A: **How's the weather** in Busan? (부산의 날씨는 어떠니?)

B: **It's too hot.** (너무 더워.)

> **TIPS**
> 날씨를 나타내는 형용사
> cold(추운), warm(따뜻한), hot(더운), snowy(눈이 오는), sunny(화창한), cloudy(구름이 낀), rainy(비가 오는) 등

Check-Up

1 다음 대화의 빈칸에 들어갈 말로 알맞지 <u>않은</u> 것은?

A: What's the weather like?
B: _____

① It's snowy.
② It's very warm.
③ It's hot and dry.
④ I like rain.
⑤ It's cold and windy.

1
dry 휑 건조한

2 다음 괄호 안의 말을 이용하여 대화를 완성하시오

A: _____ _____ _____ in Jeju-do? (how)
B: It is warm and sunny.

동사의 시제 1 ♀ 59

B 시간 묻고 답하기

A: Logan, wake up! (Logan, 일어나!)
B: **What time is it** now? (지금 몇 시야?)
A: **It's 7:50**. (7시 50분이야.)
B: Oh, no! I'm late! (이런, 안 돼! 나는 늦었어!)

현재 시간은 'What time is it?' 'Do you have the time?' 등으로 물을 수 있고, 'It's 7:50.', 'It's 9 (o'clock).' 등으로 대답할 수 있다.

➕ EXPRESSION PLUS

A: **Do you have the time?** (몇 시니?)
B: **It's 10 a.m.** (오전 10시야.)

TIPS

시간을 말하는 방법
1 시와 분을 숫자 그대로, 순서대로 읽는다.
  • 7:00 → seven (o'clock)   • 8:45 → eight forty-five
2 전치사(after, to)를 이용하여 읽는다.
  • 9:10 → ten **after** nine   • 10:50 → ten **to** eleven

Check-Up

1 다음 대화의 빈칸에 들어갈 말로 알맞은 것은?

A: Do you have the time?
B: _____

① It's March.   ② It's my clock.
③ I have time.   ④ It's my free time.
⑤ It's four fifty.

WORDS

1
March 명 3월

2 다음 문장이 들어갈 위치로 가장 알맞은 곳은?

What time is it now?

A: Jack, hurry up! We're late! ①
B: Oh, no! ②
A: It's five thirty. ③
B: Don't worry. ④ The concert starts at 7 p.m. ⑤

2
hurry up 서두르다
worry 동 걱정하다

1 다음 중 영어 단어와 우리말 뜻이 <u>잘못</u> 연결된 것은?

① scared – 피곤한　② alone – 혼자

③ close – 닫다　④ lie – 거짓말하다

⑤ present – 선물

2 다음 우리말과 일치하도록 빈칸에 알맞은 말을 쓰시오.

나는 실수로 네 핸드폰을 떨어뜨렸어.

→ I _____ your cell phone by mistake.

[3-4] 다음 대화의 빈칸에 들어갈 말로 알맞은 것을 고르시오.

3　A: What season is it in Australia?

　　B: _____

① It's in season.　② It's spring.

③ It's Monday.　④ It's cloudy.

⑤ It's February.

4　A: _____

　　B: It's seven fifteen.

① Is this your watch?

② Do you need time?

③ Do you have a clock?

④ Do you have the time?

⑤ Do you have time for dinner?

5 다음 중 짝지어진 대화가 <u>어색한</u> 것은?

① A: What time is it now?

　B: It's 6 a.m.

② A: How's the weather?

　B: It's windy.

③ A: Do you have the time?

　B: It's ten to six.

④ A: What's the weather like?

　B: I like sunny weather.

⑤ A: What season is it in Canada?

　B: It's summer.

6 다음 빈칸에 들어갈 말로 알맞지 <u>않은</u> 것을 <u>모두</u> 고르시오.

Was _____ at the birthday party?

① he　② she　③ you

④ they　⑤ Steve

7 다음 중 동사의 과거형이 <u>잘못</u> 연결된 것은?

① go – went　② worry – worried

③ read – read　④ take – took

⑤ lose – losed

(!) 서술형

8 다음 밑줄 친 ⓐ와 ⓑ를 바르게 고치시오.

Tiffany ⓐ <u>is</u> late for school, so her teacher ⓑ <u>punishes</u> her yesterday.

ⓐ _____　ⓑ _____

[9-10] 다음 빈칸에 들어갈 말을 보기 에서 골라 쓰시오.

보기 was   were   wasn't   weren't

9 We _____ hungry. So we didn't eat out.

10 Tony _____ with Tim last night. They watched a movie.

[11-12] 다음 대화의 빈칸에 들어갈 말로 알맞은 것을 고르시오.

11 A: _____ you do your homework after class?
　　B: No, I didn't.

① Do　　② Does　　③ Did
④ Was　　⑤ Were

12 A: Was she in Tokyo in 2017?
　　B: No, she _____. She was in Osaka.

① was　　② wasn't　　③ were
④ weren't　　⑤ didn't

13 다음 빈칸 ⓐ와 ⓑ에 들어갈 말이 바르게 짝지어진 것은?

- I _____ⓐ_____ not sleep well last night.
- Jane _____ⓑ_____ busy with her school work yesterday.

	ⓐ	ⓑ		ⓐ	ⓑ
①	do	– is	②	did	– is
③	did	– was	④	didn't	– was
⑤	didn't	– were			

14 다음 중 어법상 바르지 <u>못한</u> 것은?

① Did you open the window?
② They weren't at school.
③ She came home late on Sunday.
④ Was he a teacher four years ago?
⑤ Ryan didn't had a car last year.

[15-16] 다음 우리말과 일치하도록 빈칸에 알맞은 말을 쓰시오.

15 네 형은 컴퓨터 프로그래머였니?

→ _____ your brother a computer programmer?

16 Emily는 지난 주말에 과학을 공부했다.

→ Emily _____ science last weekend.

17 다음 밑줄 친 부분 중 어법상 바르지 <u>못한</u> 것은?

We ① <u>weren't</u> happy with your hotel. Our room ② <u>was</u> small, and it ③ <u>was not</u> very clean. Also, the TV ④ <u>didn't</u> work. Were the staff members kind? No, they ⑤ <u>didn't</u>.

18 다음 우리말을 영어로 바르게 옮긴 것은?

너는 수학 시험을 봤니?

① Do you take the math test?
② Did you take the math test?
③ Did take you the math test?
④ Do you took the math test?
⑤ Did you took the math test?

19 다음 중 짝지어진 대화가 <u>어색한</u> 것은?

① A: Was Chris in the car?
　B: Yes, he was.
② A: Were you tall at that time?
　B: No, I wasn't.
③ A: Were Susie and Amy pianists?
　B: No, she wasn't.
④ A: Did you go to the gym this morning?
　B: Yes, I did.
⑤ A: Did you paint the wall yesterday?
　B: No, I didn't. I fixed the sink.

20 다음 밑줄 친 부분 중 어법상 바르지 <u>못한</u> 것을 찾아 바르게 고치시오.

A: Did Grace ① <u>find</u> her wallet?
B: No, she ② <u>didn't</u>.
A: ③ <u>Was</u> she go to the lost and found?
B: Yes, she ④ <u>did</u>. But her wallet ⑤ <u>wasn't</u> there.

_____ → _____

21 다음 문장을 보기 처럼 바꿔 쓰시오.

보기　We were rich last year.
　　　→ <u>We weren't rich last year.</u>

He bought a new computer last month.

→ _____
_____

[22-23] Jack이 지난 주말에 한 일을 나타내는 다음 표를 보고, 대화를 완성하시오.

| Saturday | clean my room |
| Sunday | study English |

22 A: _____ _____ _____ his room on Saturday?
　　B: Yes, he did.

23 A: Did he study French on Sunday?
　　B: _____, he _____.

WORD LIST

✓ Grammar

☐ professor	몡 교수
☐ simple	혱 간단한
☐ excited	혱 신이 난
☐ scared	혱 겁먹은
☐ fisherman	몡 어부
☐ tired	혱 피로한, 피곤한
☐ free	혱 한가한
☐ poor	혱 가난한
☐ alone	혱 혼자
☐ movie theater	영화관
☐ salt	몡 소금
☐ lie	동 거짓말하다
☐ do the laundry	빨래하다
☐ drop	동 떨어뜨리다
☐ comic book	만화책
☐ classroom	몡 교실
☐ weekend	몡 주말
☐ airport	몡 공항
☐ take	동 (교통수단을) 타다
☐ subway	몡 지하철
☐ be afraid of	…을 두려워하다[무서워하다]

✓ Reading

☐ unlucky	혱 불행한, 불길한
☐ come from	… 출신이다; …에서 비롯되다 (come-came)
☐ god	몡 신
☐ other	혱 다른
☐ invite	동 초대하다
☐ find out	알게 되다 (find-found)
☐ fight	동 싸우다 (fight-fought)
☐ unfortunately	뷔 유감스럽게도

☐ joy	몡 기쁨
☐ become	동 …가 되다 (become-became)
☐ guest	몡 손님

✓ Communication

☐ season	몡 계절
☐ autumn	몡 가을
☐ weather	몡 날씨
☐ windy	혱 바람이 많이 부는
☐ spring	몡 봄
☐ dry	혱 건조한
☐ March	몡 3월
☐ hurry up	서두르다
☐ worry	동 걱정하다

✓ Final Test

☐ by mistake	실수로
☐ February	몡 2월
☐ punish	동 벌주다
☐ eat out	외식하다
☐ after class	방과 후에
☐ programmer	몡 프로그래머
☐ staff member	직원
☐ take a test	시험을 보다
☐ math	몡 수학
☐ pianist	몡 피아니스트
☐ gym	몡 체육관
☐ lost and found	분실물 보관소
☐ French	몡 프랑스어

CHAPTER 05

동사의 시제 2

Son

Mom, I'm **going to** come home late.
(엄마, 저 집에 늦게 올 거예요.)
I'm **going to** play soccer after school.
(저 방과 후에 축구를 할 예정이에요.)

It **will** rain in the afternoon.
You should come home early.
(오후에 비가 올 거야. 너는 집에 일찍 와야 해.)

Mom

A 현재시제와 현재진행형

1 현재시제

현재의 사실이나 상태, 일상적인 습관, 변하지 않는 사실이나 과학적 사실 등을 나타낼 때 사용한다.

I **have** three sons. (현재의 상태)
She **drinks** orange juice every morning. (일상적인 습관)
The sun **rises** in the east. (변하지 않는 사실)

2 현재진행형

현재 진행 중인 일을 나타낼 때 사용한다.

1) 형태와 의미: 「am/are/is v-ing」, '…하고 있다'
I **am taking** a walk.
He **is looking** out the window.
We **are eating** pizza for dinner.

2) 「v-ing」 만드는 방법

동사의 형태	「v-ing」 만드는 법	예
대부분의 동사	동사원형+-ing	go**ing**, do**ing**, work**ing**, study**ing** 등
-e로 끝나는 동사	e를 빼고+-ing	make → mak**ing**, give → giv**ing**, come → com**ing**, take → tak**ing** 등 (※ 예외 see → see**ing**)
-ie로 끝나는 동사	ie를 y로 바꾸고+-ing	lie → l**ying**, die → d**ying** 등
「단모음+단자음」으로 끝나는 동사	자음을 한 번 더 쓰고+-ing	cut → cut**ting**, sit → sit**ting**, put → put**ting**, run → run**ning** 등

3) 부정문: 「주어+am/are/is not v-ing」
I**'m not reading** a book.
The wind **isn't blowing** hard.
They **aren't talking** right now.

4) 의문문: 「Am/Are/Is+주어+v-ing …?」
　　　　　 – 「Yes, 주어+am/are/is.」 / 「No, 주어+am/are/is not.」
Are Jenny and Bill **watching** a movie? – **Yes, they are.** / **No, they aren't[they're not].**
Is she **spending** her vacation in Korea? – **Yes, she is.** / **No, she isn't[she's not].**

A 다음 동사의 「v-ing」형을 쓰시오.

1 tell – _____   2 chat – _____

3 move – _____   4 sing – _____

5 study – _____   6 tie – _____

7 write – _____   8 swim – _____

WORDS

A
chat 동 수다를 떨다, 떠들다
tie 동 묶다

B 다음 괄호 안에서 알맞은 말을 고르시오.

1 Water (boils / boiling) at 100 °C.

2 It (snowed / is snowing) outside now.

3 The restaurant (opens / opening) at 8:00 a.m.

4 I am (bake / baking) bread in the kitchen.

B
boil 동 끓다
bake 동 굽다

C 다음 문장을 괄호 안의 형태로 바꿀 때, 빈칸에 알맞은 말을 쓰시오.

1 Eddie returns to Korea. (현재진행형)

  → Eddie _____ _____ to Korea.

2 She sleeps on the couch. (현재진행형의 의문문)

  → _____ _____ _____ on the couch?

3 I drive my father's car. (현재진행형의 부정문)

  → I _____ _____ _____ my father's car.

C
return 동 돌아오다
couch 명 긴 의자

D 다음 그림을 보고, 대화를 완성하시오.

1

A: Is he playing soccer?

B: _____, _____ _____.

2

A: Is she riding a bicycle?

B: _____, _____ _____.

D
ride 동 타다

GRAMMAR FOCUS ··········

B 미래시제

미래시제는 앞으로 일어날 일을 나타낼 때 사용하며, 조동사 will이나 be going to를 써서 나타낸다.

1 will

'…할 것이다'의 의미로, 미래에 대한 예측이나 의지를 나타낸다.

1) 긍정문: 「주어+will+동사원형 …」
It **will be** cold soon. (미래의 예측)
I'll[I will] keep my promises. (주어의 의지)

2) 부정문: 「주어+will not+동사원형 …」
He **won't[will not] drink** coffee anymore.
I **won't[will not] talk** to her again.

3) 의문문: 「Will+주어+동사원형 …?」 – 「Yes, 주어+will.」 / 「No, 주어+won't.」
Will the bus **stop** here? – **Yes, it will. / No, it won't.**
Will she **join** the club? – **Yes, she will. / No, she won't.**

2 be going to

'…할 것이다, …할 예정이다'의 의미로, 미래에 대한 예측이나 예정된 계획을 나타낸다.

1) 긍정문: 「주어+be동사+going to+동사원형 …」
The musical **is going to start** soon. (미래의 예측)
They **are going to go** on a trip. (예정된 계획)

2) 부정문: 「주어+be동사+not going to+동사원형 …」
It**'s not going to snow**.
She **isn't going to buy** a new car.

3) 의문문: 「be동사+주어+going to+동사원형 …?」 – 「Yes, 주어+be동사.」 / 「No, 주어+be동사+not.」
Are you **going to visit** her house? – **Yes, I am. / No, I'm not.**
Is the monkey **going to eat** bananas? – **Yes, it is. / No, it isn't.**

> **TIPS**
>
> 미래시제와 함께 자주 쓰이는 부사(구)
> • tomorrow(내일) • soon(곧) • next week(다음 주에) • this month(이번 달에)
> *I'm going to* be 14 **next year**. (나는 내년에 14살이 된다.)
> *Will* you buy a cell phone **this week**? (너는 이번 주에 휴대전화를 살 거니?)

A 다음 괄호 안에서 알맞은 말을 고르시오.

1 I will (is / be) very busy next month.

2 He is going to (meeting / meet) his grandparents tomorrow.

3 She (took / will take) a flight to New York soon.

4 We (are not going to / are going to not) play tennis this weekend.

WORDS

A

grandparent 명 《pl.》 조부모
flight 명 비행기, 항공편

B 다음 문장을 괄호 안의 말을 이용하여 미래시제 문장으로 바꿔 쓰시오.

1 He washed his car early in the morning. (will)

→ He _____ _____ his car early in the morning.

2 My uncle visited my home last month. (be going to)

→ My uncle _____ _____ _____ _____ my home next month.

3 I watched the play yesterday. (be going to)

→ I _____ _____ _____ _____ the play tomorrow.

B

early 부 일찍, 빨리
visit 동 (사람·장소를) 방문하다
play 명 연극

C 다음 질문에 대한 대답으로 알맞은 것을 보기 에서 고르시오.

보기 ⓐ Yes, I will.　　ⓑ Yes, he is.
　　　ⓒ No, they aren't.　ⓓ No, she won't.

1 Are they going to be late?

2 Will Julia wear a new dress?

3 Is he going to walk his dog?

4 Will you buy soccer shoes for him?

C

walk 동 (동물을) 산책시키다

D 다음 문장을 괄호 안의 형태로 바꿀 때, 빈칸에 알맞은 말을 쓰시오.

1 Jake will ride a bike this afternoon. (부정문)

→ Jake _____ _____ a bike this afternoon.

2 It is going to rain. (의문문)

→ _____ _____ _____ _____ _____ ?

3 The contest will end next week. (의문문)

→ _____ _____ _____ _____ next week?

D

contest 명 대회
end 동 끝나다

1 다음 밑줄 친 부분을 바르게 고치시오.

(1) Lucy is <u>plays</u> with dolls. → _____

(2) <u>Are going you</u> to drink hot milk? → _____

(3) David <u>not will</u> be in Hawaii next year. → _____

2 다음 빈칸에 들어갈 말이 바르게 짝지어진 것은?

_____ the man _____ a call?

① Is – make   ② Is – making   ③ Is – makes

④ Are – making   ⑤ Are – make

2
make a call 전화를 걸다

3 다음 빈칸에 들어갈 말로 알맞지 <u>않은</u> 것은?

He's going to go to his hometown _____.

① soon   ② next month   ③ this week

④ last year   ⑤ tomorrow

3
hometown 명 고향

4 다음 중 어법상 바른 것은?

① You will gets well soon.

② Are you comeing here now?

③ Dad reads a newspaper every morning.

④ We are going not to play baseball tomorrow.

⑤ Noah is going buy a new skateboard.

5 다음 우리말과 일치하도록 괄호 안의 말을 이용하여 문장을 완성하시오.

사자 두 마리가 큰 나무 아래서 잠을 자고 있다. (lion, sleep)

→ _____ _____ _____ _____ under the huge
tree.

5
huge 형 거대한

A 다음은 Carrie의 이번 주 일정표이다. 표를 보고, 알맞은 시제를 사용하여 문장을 완성하시오.

Day	Activity
Monday	wash my dog
Tuesday	attend a yoga class
Wednesday	study mathematics
Thursday	~~play the piano~~ → meet my friends
Friday	go to an amusement park

1 Today is Monday. Carrie _____ now.

2 She _____ tomorrow.

3 She _____ this Wednesday.

4 She _____ play the piano this Thursday.

5 She _____ this Friday.

B 다음 우리말과 일치하도록 괄호 안의 말을 바르게 배열하시오.

1 그들은 정원에 나무를 심고 있니? (planting, they, trees, are)

→ _____ in the garden?

2 그녀가 지금은 음악을 듣고 있지 않다. (not, she, music, listening to, is)

→ _____ right now.

3 나는 내일 머리를 자르지 않을 것이다. (going, not, cut, I, my hair, am, to)

→ _____ tomorrow.

4 너는 샐러드와 함께 스테이크를 주문할 예정이니? (going, order, to, you, steak, are)

→ _____ with salad?

5 그는 그의 의견을 바꾸지 않을 것이다. (won't, he, his opinion, change)

→ _____

Good morning, Mr. and Ms. Jones! Welcome to Paris! My name is Victor. I'm your travel guide. Now I'll tell you about _____. First, we **are going to** visit the Louvre Museum. You'll see the *Mona Lisa* there. After that, we **are going to** take a *cruise. You'll sail down the Seine River. In the evening, we **are going to** go up the Eiffel Tower. You'll enjoy a wonderful night view there. It'll be a long journey. Are you ready? Paris **is waiting** for you. Let's go!

*cruise 유람선

1 다음 중 빈칸에 들어갈 말로 알맞은 것은?

① travel tips

② a school trip

③ the special menu

④ today's schedule

⑤ the history of Paris

(!) 서술형

2 다음 질문의 답을 위 글에서 찾아 아래 조건에 맞게 영작하시오.

Jones 부부가 오늘 파리에서 처음 할 일은 무엇인가?

조건 1 미래시제를 사용할 것

조건 2 they로 문장을 시작할 것

조건 3 6단어를 사용할 것

→ _____

WORDS **travel guide** 여행 가이드 **museum** 몡 박물관 **sail** 동 항해하다 **go up** 오르다 **enjoy** 동 즐기다
wonderful 형 아주 멋진 **view** 몡 1_____ **journey** 몡 여행, 여정 **ready** 형 준비된
[문제] **special** 형 특별한 **schedule** 몡 일정, 스케줄 **history** 몡 2_____

A 장래희망 묻고 답하기

A: **What do you want to be** in the future?
(너는 미래에 무엇이 되고 싶니?)

B: **I want to be** a pilot. What about you?
(나는 조종사가 되고 싶어. 너는 어때?)

A: **I'm going to be** a chef.
(나는 요리사가 될 거야.)

장래희망을 물을 때는 'What do you want to be?'나 'What are you going to be?' 등의 표현을 쓴다. 대답할 때는 「I want to be …」나 「I'm going to be …」라고 말한다.

⊕ EXPRESSION PLUS

A: **What do you want to be?** (너는 무엇이 되고 싶니?)
B: **I want to be** a vet. (나는 수의사가 되고 싶어.)

A: **What are you going to be?** (너는 무엇이 될 거니?)
B: **I'm going to be** a singer. (나는 가수가 될 거야.)

Check-Up

1 다음 대화의 빈칸에 들어갈 말로 알맞은 것은?

A: What are you going to be?
B: _____

① I'm going to school.
② I'm going to study English.
③ I'm going to have some pizza.
④ I'm going to read history books.
⑤ I'm going to be a photographer.

WORDS

1
photographer 명 사진작가

2 다음 괄호 안의 말을 이용하여 대화를 완성하시오.

A: _____ _____ _____ _____
_____ _____ in the future? (want)
B: I want to be a soccer player.

2
in the future 미래에

B 요일·날짜 묻고 답하기

A: **What day is it today?** (오늘이 무슨 요일이지?)
B: **It's Friday.** (금요일이야.)
A: **What's the date today?** (오늘이 며칠이지?)
B: **It's July 26.** (7월 26일이야.)

요일을 물을 때는 'What day is it (today)?'이라고 말하며, 「It is+요일.」이라고 답한다. 날짜를 물을 때는 'What's the date (today)?'라고 말하며, 「It is+날짜.」로 답한다.
※ 요일과 월은 항상 대문자로 시작한다.

➕ EXPRESSION PLUS

A: **What day is it?** (무슨 요일이니?)
B: **It's Wednesday.** (수요일이야.)

A: **What's today's date?** (오늘은 며칠이니?)
B: **It's September 15.** (9월 15일이야.)

Check-Up

1 다음 문장 뒤로 대화가 자연스럽게 이어지도록 (A)~(C)를 바르게 배열하시오.

What's the date today?

(A) No. It's Saturday.
(B) It's February 14.
(C) Is it Sunday then?

_____ → _____ → _____

WORDS

1
date 명 날짜
February 명 2월

2 다음 달력을 보고, 대화의 빈칸에 알맞은 말을 쓰시오.

(1) A: What's today's date?
  B: It's _____ _____.
(2) A: _____ _____ _____
  _____?
  B: It's Friday.

1 다음 중 영어 단어와 우리말 뜻이 <u>잘못</u> 연결된 것은?

① tie – 묶다   ② boil – 끓다

③ ride – 타다   ④ return – 돌아오다

⑤ bake – 만들다

2 다음 밑줄 친 단어와 바꿔 쓸 수 있는 것은?

The rock festival will <u>end</u> at 9 p.m.

① come   ② put   ③ take

④ finish   ⑤ make

3 다음 대화의 빈칸에 들어갈 말로 알맞은 것은?

A: _____

B: I want to be an English teacher.

① Can you speak English?

② Are you good at English?

③ What do you want to be?

④ Do you like your teachers?

⑤ Do you want some English books?

4 대화가 자연스럽게 이어지도록 (A)~(D)를 바르게 배열하시오.

(A) What is the date today?

(B) Oh, that means tomorrow is Parents' Day.

(C) It's May 7.

(D) Right. I am going to have dinner with my parents.

_____ → _____ → _____ → _____

[5-7] 다음 대화의 빈칸 ⓐ와 ⓑ에 들어갈 말이 바르게 짝지어진 것을 고르시오.

5

A: What ____ⓐ____ is it today?

B: It's Wednesday.

A: What is the ____ⓑ____ today?

B: It's June 29.

	ⓐ	ⓑ		ⓐ	ⓑ
①	time	–	day	②	date	–	time

① time – day   ② date – time

③ date – day   ④ day   – time

⑤ day   – date

6

A: ____ⓐ____ Matt watching TV?

B: No, he ____ⓑ____. He's reading a book.

① Is   – is   ② Is   – isn't

③ Will – is   ④ Will – isn't

⑤ Will – won't

7

A: ____ⓐ____ you going to meet Amy tomorrow evening?

B: Yes, I ____ⓑ____.

① Be   – are   ② Are – am

③ Are – are   ④ Will – will

⑤ Will – won't

8 다음 두 문장이 같은 뜻이 되도록 할 때, 빈칸에 들어갈 말로 알맞은 것은?

I will visit Hawaii this summer.

→ I _____ visit Hawaii this summer.

① be   ② am

③ was   ④ going to

⑤ am going to

[9-10] 다음 대화의 빈칸에 들어갈 말로 알맞은 것을 고르시오.

9
A: Will you come back tomorrow?
B: _____ I will come back the day after tomorrow.

① Yes, I am.　　　② No, I'm not.
③ Yes, I will.　　④ No, I won't.
⑤ No, I don't.

10
A: Are you cooking something?
B: _____ We're making chicken soup.

① Yes, I will.　　② Yes, we are.
③ Yes, you are.　④ No, we aren't.
⑤ No, you aren't.

11 다음 밑줄 친 부분 중 어법상 바르지 못한 것은?

① He is looking for a key.
② Jason has twin daughters.
③ I will exercise tomorrow.
④ They are drinking tea at home.
⑤ Dad is making cookies yesterday.

12 다음 문장을 현재진행형으로 바르게 바꾼 것은?

Melissa plays the flute.

① Melissa is play the flute.
② Melissa playing the flute.
③ Melissa is playing the flute.
④ Melissa will play the flute.
⑤ Melissa does play the flute.

!) 어려워요

13 다음 밑줄 친 부분 중 쓰임이 나머지 넷과 다른 것은?

① I am going to help him.
② She is going to the hospital.
③ Christine is going to take a bus.
④ He is going to buy a new computer.
⑤ We are going to have a meeting soon.

14 다음 우리말을 영어로 바르게 옮긴 것을 모두 고르시오.

Sam은 설거지하지 않을 것이다.

① Sam will wash the dishes.
② Sam won't wash the dishes.
③ Sam isn't going wash the dishes.
④ Sam is going to wash the dishes.
⑤ Sam isn't going to wash the dishes.

!) 서술형

[15-17] 다음 문장을 괄호 안의 형태로 바꿔 쓰시오.

15
My cat lies on the floor. (현재진행형)

→ _____

16
She plays a board game. (현재진행형의 의문문)

→ _____

17
They work in Tokyo. (be going to의 부정문)

→ _____

18 다음 중 어법상 바르지 <u>못한</u> 것은?

① Will you go to bed soon?
② I will take a shower.
③ Is she going to travel to Europe?
④ We are going to playing soccer.
⑤ They won't make the same mistake.

19 다음 중 짝지어진 대화가 <u>어색한</u> 것은?

① A: Are you eating sandwiches?
　 B: Yes, I am.
② A: Are you going to be a writer?
　 B: No, I won't.
③ A: Will you take a taxi?
　 B: Yes, I will.
④ A: Is your sister sleeping?
　 B: No. She is doing her homework.
⑤ A: Are you going to get married in May?
　 B: Yes, I am.

(!) 서술형

20 다음 그림을 보고, 괄호 안의 말을 이용하여 대화를 완성하시오.

A: Is Jeremy standing behind the bench?
B: _____, _____ _____.
　 He _____ _____ on the bench. (sit)

21 다음 밑줄 친 부분 중 어법상 바르지 <u>못한</u> 것을 찾아 바르게 고치시오.

A: Will she ① <u>take</u> guitar lessons ② <u>next week</u>?
B: ③ <u>No</u>, she ④ <u>isn't</u>. She ⑤ <u>will</u> take dancing lessons.

_____ → _____

22 다음 우리말과 일치하도록 괄호 안의 말을 이용하여 영작하시오.

그들은 과학을 공부하고 있지 않다.
(study, science)

→ _____

[23-25] 다음은 Riana와 Sandra가 이번 주말에 할 일이다. 표와 일치하도록 대화를 완성하시오.

Name	Saturday	Sunday
Riana	exercise	see a movie
Sandra	stay home	see a movie

23 A: _____ Riana _____
　　 _____ _____ on Saturday?
　 B: Yes, she is.

24 A: _____ Sandra _____
　　 _____ on Saturday?
　 B: Yes, she will.

25 A: Will Riana and Sandra see a musical on Sunday?
　 B: _____, _____ _____.

WORD LIST

✓ Grammar

- [ ] rise — 동 (해가) 뜨다
- [ ] take a walk — 산책하다
- [ ] blow — 동 (바람이) 불다
- [ ] chat — 동 수다를 떨다, 떠들다
- [ ] tie — 동 묶다
- [ ] boil — 동 끓다
- [ ] bake — 동 굽다
- [ ] return — 동 돌아오다
- [ ] couch — 명 긴 의자
- [ ] ride — 동 타다
- [ ] grandparent — 명 (pl.) 조부모
- [ ] flight — 명 비행기, 항공편
- [ ] early — 부 일찍, 빨리
- [ ] play — 명 연극
- [ ] walk — 동 (동물을) 산책시키다
- [ ] contest — 명 대회
- [ ] end — 동 끝나다
- [ ] make a call — 전화를 걸다
- [ ] hometown — 명 고향
- [ ] huge — 형 거대한
- [ ] attend — 동 참석하다
- [ ] plant — 동 (나무를) 심다

✓ Reading

- [ ] travel guide — 여행 가이드
- [ ] museum — 명 박물관
- [ ] sail — 동 항해하다
- [ ] enjoy — 동 즐기다
- [ ] wonderful — 형 아주 멋진
- [ ] view — 명 경관, 전망
- [ ] journey — 명 여행, 여정
- [ ] ready — 형 준비된

- [ ] special — 형 특별한
- [ ] schedule — 명 일정, 스케줄
- [ ] history — 명 역사

✓ Communication

- [ ] pilot — 명 조종사, 비행사
- [ ] chef — 명 요리사
- [ ] vet — 명 수의사
- [ ] photographer — 명 사진작가
- [ ] in the future — 미래에
- [ ] date — 명 날짜
- [ ] February — 명 2월

✓ Final Test

- [ ] festival — 명 축제
- [ ] be good at — …을 잘하다
- [ ] evening — 명 저녁
- [ ] look for — …을 찾다
- [ ] twin — 형 쌍둥이의
- [ ] daughter — 명 딸
- [ ] exercise — 동 운동하다
- [ ] meeting — 명 회의
- [ ] wash the dishes — 설거지하다
- [ ] lie — 동 누워 있다
- [ ] take a shower — 샤워하다
- [ ] make a mistake — 실수하다
- [ ] do one's homework — 숙제를 하다
- [ ] get married — 결혼하다
- [ ] behind — 전 뒤에

CHAPTER 06

조동사 🔍

Jane

(In a small voice) …, Dave.
(작은 목소리로) …, Dave.

I didn't hear you. You **shouldn't** whisper. You **should** speak loudly.
(네 말을 못 들었어. 너는 속삭이면 안 돼. 큰 소리로 말해야지.)

Dave

(In a loud voice) I mean, examine your zipper!
((큰 목소리로) 내 말은, 네 지퍼를 확인하라고!)

Jane

GRAMMAR FOCUS ··

A 조동사 can, may

조동사는 동사 앞에 쓰여 능력·허가·추측·의무 등의 뜻을 더해주는 말로, 조동사 뒤에는 항상 동사원형을 쓴다. 조동사는 두 개를 연달아 쓸 수 없으며, 주어와 관계없이 형태가 일정하다.

기본 형태	부정문	의문문
「조동사+동사원형」	「조동사+not+동사원형」	「조동사+주어+동사원형…?」

1 can

1) 능력·가능: '…할 수 있다'(= be able to)

I **can** play the guitar.
  (= am able to)

Chickens **cannot[can't]** fly high.
       (= are not able to)

Can he pass the exam? – **Yes**, he **can**. / **No**, he **can't**.

TIPS

조동사 can의 미래는 「will be able to+동사원형」
으로 나타낸다.
I will be able to arrive home early today.
(나는 오늘 집에 일찍 도착할 수 있을 것이다.)

2) 허가: '…해도 좋다'(= may)

You **can** use the elevator.

They **cannot[can't]** enter the park.

Can[May] I touch the screen? – **Yes**, you **can[may]**. / **No**, you **can't[may not]**.

2 may

1) 허가: '…해도 좋다'

You **may** come into my room.

People **may not** take pictures in the gallery.

May I open the window? – **Yes**, you **may[can]**. / **No**, you **may not[cannot / can't]**.

TIPS

허가(…해도 좋다)의 may와 can은 바꿔 쓸 수
있지만, may가 can보다 더 정중한 표현이다.

2) 추측: '…일지도 모른다'

The guests **may** arrive late.

This umbrella **may not** be yours.

Check-Up

A 다음 괄호 안에서 알맞은 말을 고르시오.

1 (Are / Be) they able to fix the roof?

2 Jack (can / cans) answer the questions.

3 Mason (may not / not may) be Amy's friend.

B 다음 문장을 괄호 안의 형태로 바꿀 때, 빈칸에 알맞은 말을 쓰시오.

1 He can throw a ball. (의문문)

→ _____ _____ _____ a ball?

2 She can eat spicy food. (부정문)

→ _____ _____ _____ spicy food.

3 You may open your book. (부정문)

→ _____ _____ _____ _____ your book.

C 다음 그림을 보고, 대화를 완성하시오.

1

A: Can the baby walk?

B: No, _____ _____.

2

A: May I take my dog into the café?

B: No, _____ _____

_____.

D 다음 두 문장이 같은 뜻이 되도록 빈칸에 알맞은 말을 쓰시오.

1 Christine can sing and dance.

→ Christine _____ _____ _____ sing and dance.

2 We cannot find your bag.

→ We _____ _____ _____ _____ find your bag.

WORDS

A
fix 동 고치다, 수리하다
roof 명 지붕
answer 동 대답하다

B
throw 동 던지다
spicy 형 매운
open 동 열다; *(책을) 펼치다

C
take 동 데리고 가다

조동사 ♀ 81

B 조동사 must, should

1 must

'···해야 한다'(= have to)는 의미로, 의무를 나타낸다.

We **must** wear life jackets on this boat.
　　(= have to)
Erica **must** give a speech today.
　　(= has to)
Drivers **must not** drive fast in a school zone. (금지)
Must I be quiet in this building?
- **Yes**, you **must**.
- **No**, you **don't have to**. (= **No**, you **need not**.)
(※ must 의문문에 대해 부정으로 대답할 때는 must not을 쓰지 않는다.)

> **TIPS**
>
> must의 부정과 have to의 부정의 의미 차이
> must의 부정인 must not은 금지를, have to의 부정인 don't have to는 불필요를 나타낸다.
> You **must not** go to the park. (너는 그 공원에 가서는 안 된다.)
> You **don't have to** go the park. (너는 그 공원에 갈 필요가 없다.)

2 should

'···해야 한다, ···하는 것이 좋다'의 의미로, 의무나 권유, 충고를 나타낸다.

We **should** take the speaking class.
You **should** drink milk every day.
Students **shouldn't[should not]** run in the hallway.
Should I wear a tie at the party?
- **Yes**, you **should**.
- **No**, you **shouldn't**.

> **TIPS**
>
> should와 must의 의미 차이
> should는 must보다 강제성이 약한 의무를 나타내며, 주로 충고나 권유를 할 때 쓰인다.
> She **should** apologize to him. (그녀는 그에게 사과해야 한다.)
> You **must** wear your school uniform. (너는 교복을 입어야 한다.)

A 다음 괄호 안에서 알맞은 말을 고르시오.

1 You should (to respect / respect) your friends.

2 She should (put / puts) on warm clothes.

3 Must I (write / writing) a book report?

4 We (must not / not must) tell lies.

5 Rachel (doesn't have to / has not to) go home now.

B 다음 대화의 빈칸에 알맞은 말을 쓰시오.

1 A: Should I follow his advice?

   B: Yes, _____ _____.

2 A: Should he trust her?

   B: No, _____ _____.

3 A: Must I go to the island by ship?

   B: No, _____ _____ _____.

4 A: Must they turn off their cell phones?

   B: Yes, _____ _____.

C 다음 문장을 괄호 안의 형태로 바꿀 때, 빈칸에 알맞은 말을 쓰시오.

1 They should leave now. (부정문)

   → They _____ _____ _____ now.

2 He must prepare for the exam tomorrow. (의문문)

   → _____ _____ _____ for the exam tomorrow?

D 다음 빈칸에 들어갈 말을 보기 에서 골라 쓰시오.

보기 should   don't have to   must not

1 You _____ smoke on the plane.

2 Ciara has a fever. She _____ see a doctor.

3 A: Must we get up early tomorrow?

   B: No, we _____. Tomorrow is Sunday.

Grammar Test

1 다음 밑줄 친 부분을 바르게 고치시오.

(1) Can he <u>takes the test</u> tomorrow? → _____

(2) We <u>must to wear</u> swimsuits in the pool. → _____

(3) <u>Should I attending</u> the meeting at 10 a.m.? → _____

WORDS

1
take a test 시험을 보다
swimsuit 몡 수영복
attend 동 참석하다
meeting 몡 회의
2
passport 몡 여권

2 다음 대화의 빈칸에 들어갈 말로 알맞은 것은?

A: May I see your passport?
B: _____

① No, I don't.   ② No, I may.   ③ No, you may.
④ Yes, you may.   ⑤ Yes, you may not.

3 다음 빈칸 ⓐ와 ⓑ에 들어갈 말이 바르게 짝지어진 것은?

- This pot is very hot. We _____ⓐ_____ touch it.
- Jason is very tired. He _____ⓑ_____ take a break.

3
pot 몡 냄비
take a break 휴식을 취하다

	ⓐ	ⓑ		ⓐ	ⓑ
①	must	– should	②	should	– has to
③	should not	– shouldn't	④	don't have to	– must not
⑤	must not	– should			

4 다음 중 어법상 바른 것을 <u>모두</u> 고르시오.

① She not may like my gift.
② Dan has to clean his room.
③ They cannot played the violins.
④ They must keeping the game rules.
⑤ You should not eat too much ice cream.

4
keep 동 (규칙 등을) 따르다
rule 몡 규칙, 원칙

5 다음 우리말과 일치하도록 괄호 안의 말을 이용하여 문장을 완성하시오.

(1) 나는 문을 잠글 수 없다. (can, lock)

→ I _____ _____ the door.

(2) 너는 그 열쇠를 잃어버려서는 안 된다. (must, lose)

→ You _____ _____ _____ the key.

(3) 내가 친구에게 미안하다고 말해야 할까? (should, say sorry)

→ _____ _____ _____ _____ to my friend?

5
lock 동 잠그다
lose 동 잃어버리다

A 다음은 도서관에서 허가된 일과 금지된 일을 적은 표이다. 표를 보고, 보기 처럼 문장을 완성하시오.

Places	O	X
Reading Room	read books 2 borrow books	1 make noise 3 use your cell phone
Computer Room	4 use the Internet	eat snacks 5 shop online

> 보기 You <u>can[may] read books</u> in the reading room.
> You <u>must not eat snacks</u> in the computer room.

1 You _____ in the reading room.

2 You _____ in the reading room.

3 You _____ in the reading room.

4 You _____ in the computer room.

5 You _____ in the computer room.

B 다음 사진을 보고, 괄호 안의 말을 이용하여 대화를 완성하시오.

1

A: _____?
(eat, the tomatoes)
B: No, you may not.

2

A: _____ here?
(use, free Wi-Fi)
B: Yes, you can.

Attention campers! Lightning **may** strike our campsite. You **may** be in danger. So you **must** follow these safety rules. First, you **must not** go under tall trees. Lightning **can** hit them and harm you. Second, you **must** stay away from metal objects. They **can** *carry electricity. Third, <u>여러분은 물에 들어가서는 안 됩니다.</u> Lastly, you **should not** go outside for 30 minutes after the last lightning strike. It **can** strike again. **Can** you remember all the rules? Then enjoy your time here!

*carry (전기를) 전달하다

1 위 글의 목적으로 가장 적절한 것은?

① 행사 일정을 안내하려고

② 캠프장 시설을 홍보하려고

③ 자연 보호의 필요성을 알리려고

④ 번개가 칠 때의 주의사항을 안내하려고

⑤ 캠프장 이용 불편 사항에 대해 사과하려고

!) 서술형

2 위 글의 밑줄 친 우리말과 일치하도록 괄호 안의 말을 바르게 배열하시오.

→ _____

(go, you, the water, not, must, into)

WORDS **camper** 명 야영객　　**lightning** 명 번개　　**strike** 동 치다 명 치기, 때리기　　**campsite** 명 캠프장
be in danger 위험에 빠지다　　**safety rule** 안전 수칙　　**harm** 동 ¹_____　　**stay away from** …에서 떨어져 있다
metal 명 금속　　**object** 명 물체　　**electricity** 명 ²_____　　**lastly** 부 마지막으로, 끝으로 (**last** 형 마지막의)

A 전화하기 1

> A: Hello, **may I speak to** Robin?
> (여보세요, Robin과 통화할 수 있을까요?)
>
> B: This is Robin. **Who's calling, please?**
> (제가 Robin인데요. 누구세요?)
>
> A: **This is** Nancy.
> (나 Nancy야.)

전화로 통화할 사람을 찾을 때는 「May I speak to ...?」라고 말할 수 있다. 자신이 누구인지 밝힐 때는 「This is ...」라고 말할 수 있으며, 전화를 건 사람이 누구인지 물을 때는 'Who's calling(, please)?' 이라고 표현한다.

➕ EXPRESSION PLUS

A: **Can I speak to** Sujin? (수진이와 통화할 수 있을까요?)
B: **This is** Sujin. (제가 수진인데요.)

A: **This is** Ryan. **Is Shane there?** (저 Ryan인데요. Shane 있나요?)
B: Yes, but he's sleeping right now. (그렇단다, 그런데 그 애는 지금 자고 있어.)

Check-Up

1 다음 대화의 빈칸에 들어갈 말로 알맞은 것은?

> A: This is Mike. _____
> B: Yes, but he's taking a shower right now.

① Is this Mike?
② Is Chris there?
③ Do you know Chris?
④ Are you calling Chris?
⑤ Who's calling, please?

WORDS

1
take a shower 샤워하다

2 다음 대화의 빈칸에 공통으로 들어갈 말을 쓰시오.

> A: Can I speak to Joe?
> B: _____ is Joe. Who's calling?
> A: _____ is Sophie.

B 전화하기 2

A: Can I speak to Selena? (Selena와 통화할 수 있을까요?)
B: **Hold on, please. ... Sorry, she's not in.**
(잠시만 기다리세요. ⋯ 죄송한데, 그녀는 지금 없어요.)
A: **Can I leave a message?** (메시지를 남겨도 될까요?)
B: Sure. (물론이죠.)

전화를 건 사람에게 기다리라고 말할 때는 'Hold on, please.'라고 할 수 있다. 전화를 건 사람이 찾는
사람이 없을 경우, 'Sorry, he[she]'s not in.'이라고 말할 수 있다. 전화를 받는 사람에게 메시지를 남길
수 있는지 물어볼 때는 'Can I leave a message?'라고 표현할 수 있다.

⊕ EXPRESSION PLUS

1 기다리라고 말하기 • Wait a moment. / Just a moment. (잠시만 기다리세요.)
2 찾는 사람이 없을 때 • Sorry, he's out. (죄송한데, 그는 외출 중이에요.)
　　　　　　　　　　 • He just went out. (그는 방금 나갔어요.)
3 메시지 남길지 묻기 • Can I take a message? (메시지를 남겨드릴까요?)

Check-Up

1 다음 대화의 빈칸에 들어갈 말로 알맞지 <u>않은</u> 것은?

> A: Is Chloe there?
> B: _____
> A: Can I leave a message?

① Sorry, she's out.　　　　② No, she's not in.
③ She just went out.　　　④ She can wait a moment.
⑤ She's not home right now.

WORDS

1
go out 외출하다

2 밑줄 친 ①~⑤ 중 대화의 흐름과 어울리지 <u>않은</u> 것은?

> A: ① Hello, can I speak to Nick?
> B: ② Who's calling, please?
> A: ③ I'm calling you. ④ This is Carol.
> B: Sorry, Carol. Nick is out. ⑤ Can I take a message?
> A: No, thank you.

1 다음 중 영어 단어와 우리말 뜻이 <u>잘못</u> 연결된 것은?

① fix – 고치다 ② answer – 대답하다
③ advice – 조언 ④ fever – 친절
⑤ attend – 참석하다

2 다음 밑줄 친 단어와 바꿔 쓸 수 있는 것은?

You should <u>follow</u> the safety rules.

① make ② get ③ read
④ believe ⑤ obey

[3-4] 다음 대화의 빈칸에 들어갈 말로 알맞은 것을 고르시오.

3
A: Who's calling, please?
B: _____ is Bob.

① I ② He ③ This
④ That ⑤ There

4
A: Can I _____ a message?
B: No, thanks. I'll call again later.

① do ② tell ③ hold
④ take ⑤ leave

5 다음 대화의 빈칸에 들어갈 말로 알맞은 것은?

A: Hello. Can I speak to Jane?
B: Sorry, she just went out.
_____
A: This is her friend, Alex.

① Who is Alex?
② How are you?
③ What's his name?
④ Who's calling?
⑤ Where is Jane?

6 다음 대화의 빈칸에 들어갈 알맞은 말을 보기 에서 고르시오.

보기 ⓐ Hold on, please.
ⓑ Can I leave a message?
ⓒ May I speak to Roy?

A: Hello. (1) _____
B: (2) _____ … Sorry, he's not in.
 Who's calling?
A: This is Julie. I'm Roy's friend.
 (3) _____
B: Sure. Go ahead.

[7-8] 다음 대화의 빈칸에 들어갈 알맞은 말을 고르시오.

7
A: Can you take care of my dog?
B: _____

① Yes, I do. ② Yes, I can.
③ Yes, you can. ④ No, I don't.
⑤ No, you can't.

8 A: May I bring beverages into this museum?

B: _____

① Yes, you do. ② No, you don't.
③ Yes, I may. ④ No, I may not.
⑤ No, you may not.

9 다음 빈칸에 들어갈 말로 알맞지 <u>않은</u> 것은?

Dan must _____.

① come early ② be careful
③ drives slowly ④ not swim here
⑤ tell the truth

10 다음 대화의 빈칸에 들어갈 말을 쓰시오.

A: Must I call you today?
B: No, you _____. You can call me tomorrow.

[11-12] 다음 우리말과 일치하도록 빈칸에 알맞은 말을 쓰시오.

11 제가 좀 쉬어도 될까요?

→ _____ _____ take a break?

12 그는 영어를 잘 말하지 못한다.

→ He _____ _____ English well.

13 다음 밑줄 친 단어와 바꿔 쓸 수 있는 것은?

Whitney <u>is able to</u> write a song.

① may ② can ③ must
④ should ⑤ has to

14 다음 중 밑줄 친 부분의 의미가 나머지 넷과 <u>다른</u> 것은?

① He <u>may</u> be awake right now.
② Stephen <u>may</u> be a genius.
③ This clock <u>may</u> not be right.
④ They <u>may</u> not be busy tonight.
⑤ You <u>may</u> park your car here.

15 다음 우리말을 영어로 바르게 옮긴 것은?

당신은 날짜를 변경해야 한다.

① You can change the date.
② You may change the date.
③ You should change the date.
④ You're able to change the date.
⑤ You must not change the date.

16 다음 밑줄 친 부분 중 어법상 바르지 <u>못한</u> 것은?

A: ① <u>Can</u> James ② <u>enters</u> the swimming competition today?
B: No, he ③ <u>can't</u>. He is sick. He ④ <u>must</u> ⑤ <u>go</u> to see a doctor.

17 다음 중 어법상 바른 것은?

① I am able buy a new car.

② You can using my cell phone.

③ May I borrows your computer?

④ Patients must not exercise hard.

⑤ Should I washed all the dishes?

18 다음 밑줄 친 부분의 뜻이 바르지 <u>못한</u> 것은?

① I <u>must read</u> the books.
   읽어야 한다

② You <u>may sit</u> down now.
   앉을지도 모른다

③ You <u>can watch</u> TV after dinner.
   봐도 된다

④ She <u>can make</u> a strawberry cake.
   만들 수 있다

⑤ We <u>should check</u> the tour schedule.
   확인하는 것이 좋겠다

19 다음 중 짝지어진 대화가 <u>어색한</u> 것은?

① A: Can you play the drums?
   B: Yes, I can.

② A: Is Jack able to drive a bus?
   B: No, he isn't.

③ A: May I use your laptop?
   B: Yes, you may.

④ A: Must I wear a seatbelt?
   B: Yes, I must.

⑤ A: Should I take the medicine?
   B: No, you shouldn't.

[20-21] 다음은 두 학생이 연주할 수 있는 악기를 나타낸 표이다. 표를 보고 대화를 완성하시오.

	Piano	Violin	Flute
Justin	O	X	X
Ariana	O	O	X

20 A: Is Justin able to play the flute?

B: _____, _____ _____.

But he _____ _____ the piano.

21 A: Can Ariana play the piano?

B: _____, _____ _____.

But she _____ _____

_____ _____ the flute.

[22-23] 다음 우리말과 일치하도록 주어진 조건과 괄호 안의 말을 이용하여 영작하시오.

22 **조건 1** 불필요를 뜻하는 조동사를 사용할 것

조건 2 7단어로 작성할 것

그는 지금 당장 보고서를 끝낼 필요가 없다.
(finish, the report)

→ _____

right now.

23 **조건 1** can의 미래형으로 쓸 것

조건 2 8단어로 작성할 것

당신은 내일 당신의 상사를 만날 수 있을 것이다.
(meet, your boss)

→ _____

tomorrow.

WORD LIST

✓ Grammar

☐ fix	图 고치다, 수리하다
☐ roof	图 지붕
☐ answer	图 대답하다
☐ throw	图 던지다
☐ take	图 데리고 가다
☐ respect	图 존중하다
☐ book report	독후감
☐ lie	图 거짓말
☐ follow	图 따라가다; (충고·규칙 등을) 따르다
☐ advice	图 조언, 충고
☐ turn off	…을 끄다
☐ prepare for	…을 준비하다
☐ fever	图 열
☐ see a doctor	진료를 받다
☐ take a test	시험을 보다
☐ attend	图 참석하다
☐ meeting	图 회의
☐ passport	图 여권
☐ take a break	휴식을 취하다
☐ keep	图 (규칙 등을) 따르다
☐ rule	图 규칙, 원칙
☐ lock	图 잠그다
☐ lose	图 잃어버리다

✓ Reading

☐ lightning	图 번개
☐ strike	图 치다 图 치기, 때리기
☐ be in danger	위험에 빠지다
☐ safety rule	안전 수칙
☐ harm	图 해치다, 해를 끼치다
☐ metal	图 금속

☐ object	图 물체
☐ electricity	图 전기
☐ lastly	图 마지막으로, 끝으로

✓ Communication

☐ take a shower	샤워하다
☐ go out	외출하다

✓ Final Test

☐ believe	图 믿다
☐ take care of	…을 돌보다
☐ beverage	图 음료
☐ slowly	图 천천히
☐ tell the truth	진실을 말하다
☐ write a song	작곡하다
☐ awake	图 깨어 있는
☐ genius	图 천재
☐ enter	图 들어가다; 참가하다
☐ competition	图 경쟁; 대회
☐ patient	图 환자
☐ laptop	图 노트북 컴퓨터
☐ wear a seatbelt	안전벨트를 매다
☐ report	图 보고서
☐ boss	图 상사

CHAPTER 07

형용사와 부사

Ron

> I can't sleep **well**. My **new** neighbor **always** has parties.
> (나는 잠을 잘 잘 수가 없어. 내 새 이웃이 항상 파티를 열거든.)

> That's **too bad**! Are the people at the parties **very noisy**?
> (그것 너무 안됐다! 파티에 있는 사람들이 너무 시끄럽니?)

Ken

Ron

> Of course! They talk and sing **loudly**.
> (당연하지! 그들은 시끄럽게 말하고 노래해.)

GRAMMAR FOCUS

A 형용사

1 형용사의 역할

형용사는 사람이나 사물의 성질·상태를 설명해 주는 말로, 명사를 수식하거나 주어를 보충 설명한다.
예) beautiful(아름다운), tall(키가 큰), nice(착한, 좋은), bad(나쁜), lazy(게으른), cold(추운, 차가운) 등
I have a **kind** *friend*. (명사 수식)
She is **beautiful**. (주어 보충 설명)

2 수와 양을 나타내는 형용사

수와 양의 많고 적음을 나타내는 형용사는 뒤에 오는 명사에 따라 다르게 쓴다.

1) 셀 수 있는 명사의 복수형 앞: a few(조금 있는), few(거의 없는), many(많은)
I bought **a few** *flowers* for Mom.
Few *soldiers* survived the war.
There are **many** *cars* in Seoul.

2) 셀 수 없는 명사 앞: a little(조금 있는), little(거의 없는), much(많은)
My cat drank **a little** *milk*.
There is **little** *water* in the desert.
Emily doesn't spend **much** *money* on clothes.

3) 명사의 수에 상관없이 모두 쓸 수 있는 형용사: some/any(약간의, 조금), lots of/a lot of(많은)

형용사	문장의 종류	예
some	긍정의 평서문 권유의 의문문	There is **some** *food* in the refrigerator. Do you want **some** *tea*?
any	부정문의 평서문 의문문	I don't have **any** *plans* for tomorrow. Are there **any** *problems*?
lots of/a lot of	긍정의 평서문 부정의 평서문 의문문	We gathered **lots[a lot] of** *seashells*. Kelly and I didn't find **lots[a lot] of** *information*. Do they have **lots[a lot] of** *shoes*?

Check-Up

A 다음 문장에서 형용사를 찾아 동그라미(○) 표시를 하시오.

1 Lily looks angry.

2 I felt the soft wind.

3 The movie was not funny.

4 There are some horses in the field.

WORDS

A
funny 형 웃기는, 재미있는
field 명 들판

B 다음 괄호 안에서 알맞은 말을 고르시오.

1 There wasn't (any /some) coffee in the mug.

2 It's dark. There is (few / little) light in this room.

3 I'm hungry. I will eat (a few / few) cookies.

4 David didn't put (many / much) butter in the pan.

5 There are (many / much) stars in the sky.

B
mug 명 머그잔
dark 형 어두운
light 명 빛
pan 명 냄비, 팬

C 다음 빈칸에 들어갈 말을 보기 에서 골라 쓰시오. (단, 한 번씩 쓸 것)

보기   much   many   any   little

1 Do you need _____ help, sir?

2 We had _____ rain last year. It was very dry.

3 I was busy. I had too _____ homework.

4 The singer has _____ fans around the world.

D 다음 우리말과 일치하도록 some 또는 any와 괄호 안의 단어를 활용하여 문장을 완성하시오.

1 우리는 포도주를 약간 마셨다. (wine)

→ We drank _____ _____.

2 그녀는 시간이 조금도 없다. (time)

→ She doesn't have _____ _____.

3 너는 동전을 좀 가지고 있니? (coin)

→ Do you have _____ _____?

4 샌드위치를 좀 먹을래? (sandwiches)

→ Do you want _____ _____?

D
coin 명 동전

GRAMMAR FOCUS

B 부사

1 부사의 역할

부사는 방법·정도·시간·횟수 등을 나타내는 말로, 동사, 형용사, 다른 부사, 문장 전체를 수식한다.

The cat *walks* **quietly**. (동사 수식)
The game is **very** *exciting*. (형용사 수식)
He can run **really** *fast*. (다른 부사 수식)
Luckily, *I found some money on the ground*. (문장 전체 수식)

2 부사의 형태

부사의 형태	예
대부분의 형용사 → 형용사+-ly	sad → sad**ly**, slow → slow**ly**, loud → loud**ly** 등
-y로 끝나는 형용사 → y를 i로 고치고+-ly	happy → happ**ily**, easy → eas**ily**, angry → angr**ily** 등
형용사와 형태가 같은 부사	high(높은) → **high**(높이), fast(빠른) → **fast**(빨리), early(이른) → **early**(일찍), late(늦은) → **late**(늦게), hard(열심히 하는) → **hard**(열심히) 등
예외	good → **well**

> **TIPS**
>
> -ly로 끝나지만 부사가 아닌 형용사
> friendly(친절한), lovely(사랑스러운), lonely(외로운) 등

3 빈도부사

어떤 일이 일어나는 빈도를 나타내는 부사로, 일반동사 앞, be동사나 조동사의 뒤에 위치한다.

0% ──────────────────────────────→ 100%

never	sometimes	often	usually	always
결코 …않다	때때로	자주	대개, 보통	항상

I *will* **never** meet him again.
Dave **sometimes** *goes* fishing.
Sue *is* **often** tired after work.
He **usually** *wears* a T-shirt and jeans.
Do you **always** *eat* cereal for breakfast?

A 다음 밑줄 친 부사가 꾸미는 말을 찾아 쓰시오.

1 The story ended <u>happily</u>. → _____

2 The lecture was <u>really</u> interesting. → _____

3 He is talking <u>very</u> quietly. → _____

4 <u>Unfortunately</u>, he lost his watch. → _____

WORDS

A
lecture 몡 강의, 강연
unfortunately 뮈 불행하게도
lose 동 잃어버리다
(lose-lost)

B 다음 괄호 안에서 알맞은 말을 고르시오.

1 The baby slept (silent / silently).

2 (Honest / Honestly), I don't feel good.

3 She solved the problem (easy / easily).

4 Rick speaks French (good / well).

B
silent 혱 조용한
honest 혱 솔직한
solve 동 풀다, 해결하다

C 보기 에서 알맞은 말을 골라 다음 우리말과 일치하도록 문장을 완성하시오.

보기 slowly   early   high   hard

1 슈퍼맨은 하늘 높이 난다.

→ Superman flies _____ in the sky.

2 Jina는 매일 아침 일찍 일어난다.

→ Jina gets up _____ every morning.

3 Eric은 시험을 위해 열심히 공부했다.

→ Eric studied _____ for the test.

4 그 자동차는 천천히 움직이고 있다.

→ The car is moving _____.

C
move 동 움직이다

D 다음 우리말과 일치하도록 빈칸에 알맞은 말을 쓰시오.

1 우리는 때때로 매우 바쁘다.

→ We are _____ very busy.

2 너는 도서관에 자주 가니?

→ Do you _____ go to the library?

3 나는 방과 후에 보통 낮잠을 자지 않는다.

→ I don't _____ take a nap after school.

4 그녀는 항상 나에 대해 걱정한다.

→ She is _____ worried about me.

D
take a nap 낮잠을 자다
be worried about …에 대해
걱정하다

1 다음 밑줄 친 부분을 바르게 고치시오.

(1) We had <u>few</u> time, so we ran fast.   → _____

(2) We took <u>much</u> pictures at the zoo.   → _____

(3) The young man shouted <u>angry</u>.   → _____

WORDS

1
shout 동 소리치다
angry 형 화난

2 다음 문장을 [보기]처럼 바꿔 쓰시오.

[보기]   Jane is a good cook.
　　　 → Jane cooks <u>well</u>.

(1) He is a fast swimmer.

　 → He swims _____.

(2) Hana has a beautiful smile.

　 → Hana smiles _____.

(3) They are hard workers.

　 → They work _____.

(4) She is a slow eater.

　 → She eats _____.

2
cook 명 요리사 동 요리하다
swimmer 명 수영 선수
smile 명 미소 동 미소 짓다

3 다음 중 어법상 바르지 <u>못한</u> 것은?

① Mike made a few mistakes.

② I met some singers yesterday.

③ Do they clean often their room?

④ Ella didn't buy any accessories.

⑤ He is always busy in the morning.

3
mistake 명 실수
accessory 명 액세서리, 장신구

4 다음 문장을 괄호 안의 지시대로 바꿔 쓰시오.

(1) Bob had some snacks. (any를 포함한 부정문으로)

　　 → Bob _____ _____ _____ _____.

(2) The students saw many paintings. (lots of를 포함한 의문문으로)

　　 → Did the students _____ _____ _____ _____?

4
snack 명 간식
painting 명 그림

A 다음은 Emily의 습관을 나타내는 표이다. 표를 보고, 보기 의 말을 이용하여 문장을 완성하시오.

Habits	Mon.	Tue.	Wed.	Thu.	Fri.	Sat.	Sun.
1 skip breakfast	✓	✓	✓	✓	✓		
2 write on her blog	✓				✓		
3 play computer games	✓	✓	✓	✓	✓	✓	✓
4 be late for school							

보기 usually   never   always   sometimes

1 She _____ in the morning.

2 She _____ .

3 She _____ after school.

4 She _____ .

B 다음 우리말과 일치하도록 괄호 안의 말을 바르게 배열하시오.

1 이 선풍기는 소음을 거의 내지 않는다. (little, fan, this, noise, makes)

→ _____

2 우리는 많은 비행기를 볼 수 있다. (a lot of, see, can, planes, we)

→ _____

3 너는 항상 이 노트북을 써도 된다. (can, use, always, this, laptop, you)

→ _____

4 Kelly는 나의 사랑스러운 고양이이다. (is, lovely, Kelly, cat, my)

→ _____

5 이 파란 티셔츠는 품절이다. (T-shirt, sold out, this, blue, is)

→ _____

6 여러분은 질문이 좀 있나요? (questions, you, do, any, have)

→ _____

Are you looking for a **cheap**, **interesting** hotel in New York? How about sleeping in an **old** taxi? It's **just** 39 dollars a night. The taxi is a **yellow** van. It has a **large** bed in the back. So you can sleep (A) comfortable / comfortably . The van is in a **big** parking lot. You can see the city's (B) beautiful / beautifully skyline from the van's roof. There is also a subway station **nearby**. So you can **easily** visit all of New York's **famous** places. You'll **never** forget your stay **here**.

1 택시 호텔에 관한 설명 중 위 글의 내용과 일치하지 <u>않는</u> 것은?

① 하룻밤 머무는 데 39달러이다.

② 노란색 승합차이다.

③ 앞자리에 큰 침대가 있다.

④ 큰 주차장에 주차되어 있다.

⑤ 근처에 지하철역이 있다.

⊙) 서술형

2 위 글의 (A)와 (B)에 들어갈 어법에 맞는 표현을 골라 쓰시오.

(A) _____ (B) _____

WORDS **look for** ⋯을 찾다 **cheap** 형 (값이) 싼 **interesting** 형 ¹_____ **van** 명 밴, 승합차 **parking lot** 주차장
skyline 명 (건물 등이) 하늘과 맞닿은 윤곽선, 스카이라인 **roof** 명 지붕 **nearby** 부 인근에, 가까운 곳에 **easily** 부 쉽게
famous 형 ²_____ **forget** 동 잊다 **stay** 명 머무름, 방문

A 외모 묘사하기

A: Suji **is beautiful**.
(수지는 아름다워.)

B: I don't know her. Can you tell me about her?
(난 그녀를 몰라. 그녀에 대해 내게 말해 줄래?)

A: Sure. She **is tall**. And she **has blond hair**.
(물론이지. 그녀는 키가 커. 그리고 그녀는 금발 머리야.)

사람의 생김새나 체격, 머리 모양 등을 묘사할 때는 외모를 나타내는 형용사를 사용하며, 「주어+be동사+형용사」 또는 「주어+have+형용사+명사」의 형태로 표현할 수 있다.

➕ EXPRESSION PLUS

• She is short. (그녀는 키가 작다.)
• They are handsome. (그들은 잘생겼다.)
• He has curly hair. (그는 곱슬머리야.)

• The model is thin. (그 모델은 말랐다.)
• My daughter is cute. (내 딸은 귀엽다.)
• I have blue eyes. (나는 파란 눈을 가지고 있다.)

> **TIPS**
> 외모를 나타내는 형용사
> pretty(예쁜), cute(귀여운), ugly(못생긴), fat(뚱뚱한), short(키가 작은), small(작은),
> black(검은색의), brown(갈색의), straight(곧은[직모인]) 등

Check-Up

1 다음 그림을 보고, 빈칸에 알맞은 말을 보기 에서 골라 쓰시오.

보기 thin   fat   long   curly

The girl is _____.
She has _____ hair.

WORDS

1
thin 형 얇은; *마른
curly 형 곱슬곱슬한

2 다음 문장 뒤로 대화가 자연스럽게 이어지도록 (A)~(C)를 바르게 배열하시오.

Do you have a brother?

(A) Can you tell me about him?
(B) Yes. I have a little brother.
(C) Sure. He has big eyes and straight hair.

B 습관 묻고 답하기

A: **What do you usually do** after school?
(너는 방과 후에 보통 뭘 해?)

B: I **usually** swim in the pool.
(나는 보통 수영장에서 수영해.)

A: Do you swim **every day**? (너는 매일 수영을 하니?)

B: Yes, I do. (응, 그래.)

상대방의 습관을 물을 때는 'What do you usually do?' '너는 보통 무엇을 하니?'나 「What time do you usually ...?」 '너는 보통 몇 시에 …하니?' 등으로 말할 수 있다. 습관을 말할 때는 「I usually ...」 등으로 표현할 수 있다.

➕ EXPRESSION PLUS

A: **What time do you usually** go to school? (너는 보통 몇 시에 학교에 가니?)

B: I **usually** go to school at 8:30. (나는 보통 8시 반에 학교에 가.)

A: Do you have a snack **every day**? (너는 매일 간식을 먹니?)

B: No, I don't. (아니, 그렇지 않아.)

Check-Up

1 다음 대화의 빈칸에 들어갈 말로 알맞지 <u>않은</u> 것은?

> A: What do you usually do in your free time?
> B: _____

① I usually sleep.　　　　② I go to the movies.

③ I play computer games.　④ I'm listening to the radio.

⑤ I usually read the newspaper.

2 다음 괄호 안의 말을 이용하여 대화를 완성하시오.

> A: _____ _____ _____ _____
> _____ go to bed? (time, usually)
> B: I usually go to bed at 11 p.m.

1 다음 중 영어 단어와 우리말 뜻이 <u>잘못</u> 연결된 것은?

① field – 들판   ② desert – 후식
③ roof – 지붕   ④ mistake – 실수
⑤ cheap – 값이 싼

2 다음 중 짝지어진 두 단어의 관계가 나머지 넷과 <u>다른</u> 것은?

① small – big   ② quick – slow
③ quiet – silent   ④ short – long
⑤ easy – difficult

[3-4] 다음 대화의 빈칸에 들어갈 말로 알맞은 것을 고르시오.

3
A: Does Jackson have blond hair?
B: No. _____

① He has a sister.
② He likes blue eyes.
③ He is 14 years old.
④ He is thin and tall.
⑤ He has brown hair.

4
A: _____
B: I usually eat a sandwich.

① Did you have lunch?
② Will you eat a sandwich?
③ Do you have breakfast every day?
④ What do you usually eat for lunch?
⑤ What time do you usually eat lunch?

5 다음 문장이 들어갈 위치로 가장 알맞은 곳은?

Do you practice every day?

A: Jason, what time do you usually go
   home? ①
B: ② At 7 p.m. ③ I have band practice.
A: Band practice? ④
B: No. ⑤ I practice three days a week.

6 다음 빈칸에 들어갈 말로 가장 알맞은 것은?

sad : sadly = good : _____

① bad   ② well   ③ kind
④ nice   ⑤ poor

7 다음 빈칸에 들어갈 말로 알맞지 <u>않은</u> 것은?

She wrote _____ letters to her
boyfriend.

① a few   ② many   ③ a little
④ some   ⑤ a lot of

[8-9] 다음 대화의 빈칸에 들어갈 말로 알맞은 것을 고르시오.

8
A: I made _____ food for the
   party.
B: Let's invite more people then.

① any   ② many   ③ few
④ a lot of   ⑤ little

9

A: That dog is so cute. Is that yours?

B: No. I don't have _____ pets.

① much   ② few   ③ a few

④ any   ⑤ some

! 자주 나와요

[10-11] 다음 빈칸에 공통으로 들어갈 말로 알맞은 것을 고르시오.

10

· I have _____ dolls in my room.

· _____ birds are flying in the sky.

① little[Little]   ② much[Much]

③ a few[A few]   ④ any[Any]

⑤ a little[A little]

11

· _____ teenagers like the singer.

· He drinks _____ water.

① Any[any]   ② Little[little]

③ Much[much]   ④ Many[many]

⑤ Lots of[lots of]

! 자주 나와요

[12-13] 다음 괄호 안의 말이 들어갈 알맞은 위치를 고르시오.

12

Does ① she ② have ③ dinner ④ at home ⑤? (never)

13

① This ② is ③ a ④ song ⑤. (popular)

[14-16] 다음 우리말과 일치하도록 빈칸에 알맞은 말을 보기 에서 골라 쓰시오.

보기   much   many   few

      a few   little   a little

14

나는 토마토를 조금 샀다.

→ I bought _____ tomatoes.

15

그는 시간이 많지 않다.

→ He doesn't have _____ time.

16

그녀는 수프에 소금을 조금 넣었다.

→ She put _____ salt in the soup.

! 어려워요

17 다음 밑줄 친 부분의 쓰임이 보기 와 같은 것은?

보기   He called my name <u>really</u> loudly.

① I get up <u>very</u> late.

② The boy answered <u>kindly</u>.

③ Nancy goes to school <u>early</u>.

④ The bear was walking <u>slowly</u>.

⑤ Ian can send a text message <u>fast</u>.

18 다음 밑줄 친 부분의 쓰임이 나머지 넷과 다른 것은?

① It is a <u>small</u> horse.
② He is a <u>great</u> doctor.
③ Those are <u>tall</u> buildings.
④ His story is <u>interesting</u>.
⑤ Kim has a <u>nice</u> car.

19 다음 중 어법상 바르지 못한 것은?

① Alfred can swim fastly.
② He often plays the cello.
③ Do you sometimes go for a walk?
④ The journey takes a lot of time.
⑤ The teacher's voice was very soft.

🖊️ 서술형

[20-21] 다음 문장에서 어법상 바르지 못한 부분을 찾아 바르게 고쳐 쓰시오.

20 The students are always studying hardly.

_____ → _____

21 She took her mother's warmly hands.

_____ → _____

22 다음 두 문장을 보기 와 같이 바꿔 쓰시오.

> 보기 He is a runner. He is very fast.
> → He is a very fast runner.

They are students. They are really smart.

→ _____

[23-24] 다음 문장을 괄호 안의 지시대로 바꿔 쓰시오.

23 Dad ate some pizza for dinner.
(부정문으로)

→ _____

24 Amy met some friends last week.
(의문문으로)

→ _____

25 보기 의 한 단어와 주어진 조건을 이용하여 다음 그림 속 아기를 묘사하는 문장을 작성하시오.

보기 big   small   straight   curly

(1) **조건 1** The baby로 문장을 시작할 것
　　조건 2 be동사를 사용할 것
　　조건 3 4단어로 작성할 것

→ _____

(2) **조건 1** The baby로 문장을 시작할 것
　　조건 2 동사 have를 사용할 것
　　조건 3 5단어로 작성할 것

→ _____

WORD LIST

✓ Grammar

☐ desert	명 사막
☐ refrigerator	명 냉장고
☐ information	명 정보
☐ field	명 들판
☐ dark	형 어두운
☐ light	명 빛
☐ pan	명 냄비, 팬
☐ coin	명 동전
☐ lose	동 잃어버리다 (lose-lost)
☐ silent	형 조용한
☐ honest	형 솔직한
☐ solve	동 풀다, 해결하다
☐ move	동 움직이다
☐ take a nap	낮잠을 자다
☐ be worried about	…에 대해 걱정하다
☐ shout	동 소리치다
☐ cook	명 요리사 동 요리하다
☐ swimmer	명 수영 선수
☐ smile	명 미소 동 미소 짓다
☐ mistake	명 실수
☐ accessory	명 액세서리, 장신구
☐ snack	명 간식
☐ skip	동 거르다[빼먹다]

✓ Reading

☐ look for	…을 찾다
☐ interesting	형 재미있는, 흥미로운
☐ van	명 밴, 승합차
☐ parking lot	주차장
☐ roof	명 지붕
☐ nearby	부 인근에, 가까운 곳에
☐ easily	부 쉽게

☐ famous	형 유명한
☐ forget	동 잊다

✓ Communication

☐ thin	형 얇은; 마른
☐ daughter	명 딸
☐ curly	형 곱슬곱슬한
☐ pool	명 수영장
☐ free time	여가 시간
☐ go to bed	자다

✓ Final Test

☐ practice	동 연습하다 명 연습
☐ invite	동 초대하다
☐ pet	명 애완동물
☐ teenager	명 십 대
☐ popular	형 유명한
☐ salt	명 소금
☐ text message	문자 메시지
☐ cello	명 첼로
☐ go for a walk	산책가다
☐ journey	명 여행, 여정
☐ voice	명 목소리

CHAPTER 08

비교

Ron

Can I try your hamburger? It looks **better than** mine.
(내가 네 햄버거를 먹어 봐도 될까? 그것이 내 것보다 더 좋아 보여.)

Okay. Here it is.
(그래. 여기 있어.)

Jane

Ron

Hmm... Can I drink your soda? It has **more** ice **than** mine.
(음... 네 탄산음료를 마셔도 될까? 그것이 내 것보다 얼음이 더 많아.)

GRAMMAR FOCUS ··

A 비교급과 최상급

둘 이상의 대상을 비교할 때 형용사와 부사의 비교급과 최상급을 쓰며, 형용사와 부사의 기본 형태를 원급이라고 한다.

1 비교급   「원급+-(e)r」, '더 …한/하게'

rich(부유한) – richer(더 부유한)   long(긴) – longer(더 긴)
bright(밝은) – brighter(더 밝은)   cold(추운) – colder(더 추운)
high(높은/높게) – higher(더 높은/더 높게)   slowly(느리게) – more slowly(더 느리게)

2 최상급   「원급+-(e)st」, '가장 …한/하게'

rich(부유한) – richest(가장 부유한)   long(긴) – longest(가장 긴)
bright(밝은) – brightest(가장 밝은)   cold(추운) – coldest(가장 추운)
high(높은/높게) – highest(가장 높은/가장 높게)   slowly(느리게) – most slowly(가장 느리게)

3 비교급과 최상급 만드는 방법

비교 표현		원급	비교급	최상급
규칙 변화	대부분의 형용사/부사	+-er/-est	tall	tall**er**	tall**est**
	-e로 끝나는 형용사/부사	+-r/-st	late	late**r**	late**st**
	「자음+-y」로 끝나는 형용사/부사	y를 i로 고치고 +-er/-est	early	earl**ier**	earl**iest**
	「단모음+단자음」으로 끝나는 형용사/부사	자음을 한 번 더 쓰고 +-er/-est	hot	hot**ter**	hot**test**
	일부 2음절, 또는 3음절 이상의 형용사/부사	more/most+원급	famous	**more** famous	**most** famous
불규칙 변화			many/much	**more**	**most**
			little	**less**	**least**
			good/well	**better**	**best**
			bad/ill	**worse**	**worst**

B 비교 표현

1 원급 「as+원급+as」, '…만큼 ~한/하게'

I am **as popular as** a movie star.
The fruit is **as sweet as** sugar.
Anne sings **as well as** I do.

2 비교급 「비교급+than」, '…보다 더 ~한/하게'

He is **smarter than** Edison.
Musicals are **more interesting than** operas.
Emily runs **faster than** Sarah.

3 최상급 「the+최상급」, '가장 …한/하게'

The elephant is **the largest** animal on land.
He is **the best** basketball player on the team.
It was **the most important** event in history.

TIPS

「the+최상급+in/of+명사」
1 「the+최상급+in+장소, 범위를 나타내는 단수명사」: '…에서 가장 ~한/하게'
  Lauren is **the tallest in her class**. (Lauren은 그녀의 반에서 가장 키가 크다.)
2 「the+최상급+of+비교 대상이 되는 명사」: '… 중에서 가장 ~한/하게'
  Jack is **the oldest of the three boys**. (Jack은 세 소년들 중 가장 나이가 많다.)

➕ 내신 POINT PLUS

원급과 최상급을 이용한 비교 표현
1 「as+원급+as possible」: '가능한 한 …한/하게'
  You should come home **as soon as possible**.
  (너는 가능한 한 빨리 집에 와야 한다.)
2 「one of the+최상급+복수명사」: '가장 …한 것[사람]들 중 하나'
  Mars is **one of the closest planets** to Earth.
  (화성은 지구에서 가장 가까운 행성들 중 하나이다.)

A 다음 제시된 말의 비교급과 최상급을 차례대로 쓰시오.

1 easy – _____ – _____

2 fat – _____ – _____

3 bad – _____ – _____

4 many – _____ – _____

5 nice – _____ – _____

6 careful – _____ – _____

WORDS

A
careful 형 조심하는

B 다음 괄호 안에서 알맞은 말을 고르시오.

1 Joe cooks better (as / than) me.

2 He can speak German as well (as / than) I can.

3 Cathy's hair is as (long / longer) as mine.

4 Sophia is one of the (more / most) popular names in the USA.

5 It was the (better / best) moment of my life.

6 Iguazu Falls is (higher / highest) than Niagara Falls.

7 His score was (the most lowest / the lowest) in our class.

B
German 명 독일어
moment 명 순간; *(특정한) 때
fall 명 《pl.》 폭포
low 형 낮은

C 다음 빈칸에 들어갈 말을 [보기]에서 골라 알맞은 형태로 쓰시오. (단, 한 번씩 쓸 것)

[보기] busy   strong   lazy   smart

1 He lifted the big rock. He is as _____ as a bear.

2 Harry has lots of work. He is _____ than his friends.

3 Carol always gets As. She is the _____ student in her class.

4 Andy doesn't do anything. He is the _____ person in his family.

C
lazy 형 게으른
lift 동 들어 올리다
rock 명 바위
person 명 사람

D 다음 괄호 안의 말을 빈칸에 알맞은 형태로 쓰시오.

1 Oil is _____ than water. (light)

2 Today is _____ than yesterday. (cold)

3 He is one of the _____ _____ men in the world. (successful)

D
light 형 가벼운
successful 형 성공한

E 다음 우리말과 일치하도록 괄호 안의 말을 이용하여 문장을 완성하시오.

1 그는 사무실에서 가장 나이가 어린 사람이다. (young)

→ He is _____ _____ person in the office.

2 Jessica는 그녀의 언니만큼 사랑스럽다. (lovely)

→ Jessica is _____ _____ _____ her sister.

3 너는 가능한 한 열심히 노력해야 한다. (hard)

→ You should try _____ _____ _____ possible.

4 그녀는 우리나라에서 가장 영향력 있는 리더들 중 한 명이다. (powerful)

→ She is _____ _____ _____ _____

_____ leaders in our country.

5 Thomas 씨는 그의 남동생보다 더 부유하다. (rich)

→ Mr. Thomas is _____ _____ his brother.

WORDS

E
office 명 사무실
lovely 형 사랑스러운
try 동 노력하다
powerful 형 영향력 있는
leader 명 지도자, 리더

F 다음 그림을 보고, 괄호 안의 말을 이용하여 문장을 완성하시오.

F
cheetah 명 치타

1

(slow, fast)

(1) Lions are _____ _____ rabbits.

(2) Lions are _____ _____ cheetahs.

(3) Cheetahs are _____ _____ of them all.

2

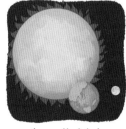

(small, big)

(1) The Earth is _____ _____ the Moon.

(2) The Earth is _____ _____ the Sun.

(3) The Sun is _____ _____ of them all.

Grammar Test

1 다음 중 짝지어진 단어의 관계가 나머지 넷과 <u>다른</u> 것은?

① ill – worse   ② little – least   ③ hard – harder

④ rich – richer   ⑤ famous – more famous

2 다음 빈칸에 들어갈 말이 나머지 넷과 <u>다른</u> 것은?

① It is warmer _____ last week.

② James is bigger _____ his friends.

③ Your jacket is as white _____ snow.

④ He drove more carefully _____ he did this morning.

⑤ The fish here is fresher _____ the fish in the market.

3 다음 빈칸에 공통으로 들어갈 말을 쓰시오.

- Adam spoke _____ kindly as possible.
- Baseball is _____ popular as soccer in Korea.

4 다음 우리말을 영어로 바르게 옮긴 것은?

수박은 오렌지보다 더 무겁다.

① Watermelons are as heavy as oranges.

② Watermelons are heavier than oranges.

③ Oranges are heavier than watermelons.

④ Watermelons are heavy than oranges.

⑤ Watermelons are the heaviest than oranges.

5 다음 우리말과 일치하도록 괄호 안의 말을 이용하여 문장을 완성하시오.

(1) 나는 가능한 한 많이 잠을 잤다. (much, possible)

→ I slept _____ _____ _____ _____.

(2) 내 시계는 네 것만큼 값이 싸다. (cheap)

→ My watch _____ _____ _____ _____
yours.

(3) 스테이크는 그 식당에서 가장 맛있는 요리들 중 하나이다. (delicious, dishes)

→ The steak _____ _____ _____ _____
_____ _____ _____ at the restaurant.

WORDS

2
drive 동 운전하다
(drive-drove)
carefully 부 조심스럽게
fresh 형 신선한

3
speak 동 말하다
(speak-spoke)
kindly 부 친절하게

4
heavy 형 무거운

5
sleep 동 (잠을) 자다
(sleep-slept)
delicious 형 아주 맛있는
dish 명 접시; *요리

A 다음 사진을 보고, 형용사 cheap이나 expensive를 활용하여 비교하는 문장을 완성하시오. (단, 긍정문으로 쓸 것)

1 The sweater _____ the pants.

2 The hat _____ the sweater.

3 The sneakers _____ the pants.

4 The sunglasses _____ of all the items.

B 다음 우리말과 일치하도록 괄호 안의 말을 바르게 배열하시오.

1 나는 내 남동생보다 더 일찍 집에 도착했다.

   (home, I, my brother, earlier, arrived, than)

   → _____

2 Andrew는 내 반에서 가장 키가 큰 학생이다.

   (is, in, the, student, Andrew, my class, tallest)

   → _____

3 Sally는 그녀의 숙제를 가능한 한 빨리 끝냈다.

   (as, as, her homework, Sally, quickly, finished, possible)

   → _____

Icebergs look like huge pieces of ice. They may be **the biggest** pieces of ice in the world. They are **taller** and **wider than** small buildings. <u>그러나 그것들은 물보다 더 가볍다.</u> So they float in the sea. Icebergs on the sea are a wonderful sight. But they can be _____ to ships. We can only see the top of an iceberg. The underwater part is **bigger than** the top. So ships can't see the whole iceberg, and they can crash into it.

! 서술형

1 위 글의 밑줄 친 우리말과 일치하도록 아래 조건을 이용하여 영작하시오.

　조건 1 they로 문장을 시작할 것

　조건 2 light를 활용할 것

　조건 3 5단어로 작성할 것

　→ But _____ .

2 다음 중 빈칸에 들어갈 말로 알맞은 것은?

　① fast

　② warm

　③ useful

　④ dangerous

　⑤ comfortable

WORDS
iceberg 명 빙산　　**huge** 형 거대한　　**piece** 명 ¹_____　　**wide** 형 넓은　　**float** 동 ²_____
sight 명 시력; *광경　　**ship** 명 배　　**top** 명 맨 위 (부분)　　**underwater** 형 물속의　　**part** 명 부분　　**whole** 형 전체의
crash 동 충돌하다　　[문제] **useful** 형 유용한　　**dangerous** 형 위험한

A 물건 사기 1

A: **Can I help you?** (도와드릴까요?)
B: Yes. **I'm looking for** a black jacket.
   (네. 저는 검은색 재킷을 찾고 있어요.)
A: Jackets are over there. (재킷류는 저쪽에 있습니다.)
B: Okay, thank you. (네, 고맙습니다.)

'도와드릴까요?'의 의미로 손님에게 도움을 제안할 때는 'Can I help you?'라고 말할 수 있다. 점원에게 어떤 물건을 찾고 있다고 말할 때는 「I'm looking for ...」라고 표현할 수 있다.

⊕ EXPRESSION PLUS

A: **May I help you?** (도와드릴까요?)
B: Yes, please. Do you have any milk tea? (네. 밀크티 있나요?)

A: **What can I do for you?** (무엇을 도와드릴까요?)
B: I'm just looking around. (저는 그냥 둘러보고 있어요.)

Check-Up

1 다음 빈칸에 들어갈 말로 알맞은 것은?

A: May I help you?
B: _____

① Yes. I can help you.
② I'm the restaurant manager.
③ No. Can you speak English?
④ No. I'm just looking around.
⑤ Sure. What can I do for you?

2 다음 문장이 들어갈 위치로 가장 알맞은 곳은?

I'm looking for a baseball.

A: Can I help you? ①
B: Yes. ②
A: ③ The baseballs are over there.
B: I'll take a look at them. ④ Thank you. ⑤

WORDS

1
manager 명 지배인

2
take a look …을 (한번) 보다

B 물건 사기 2

A: **How about** this helmet?
(이 헬멧은 어떠세요?)

B: It's so cute! **How much is it?**
(정말 귀여워요! 얼마예요?)

A: It's $20.75. (20달러 75센트입니다.)

B: That's not too expensive. (아주 비싸지는 않네요.)

손님에게 물건을 추천할 때는 '…은 어떠세요?'라는 의미로 「How[What] about …?」이나 「How do you like …?」로 말할 수 있다. 가격을 물을 때는 'How much is it?'이라고 말할 수 있다.

➕ EXPRESSION PLUS

A: **What about** this model? (이 모델은 어떠세요?)
B: Oh, I like it. **I'll take it**. (아, 그거 좋은데요. 저는 그걸 사겠어요.)

A: **How do you like** these ski boots? (이 스키 부츠는 어떠세요?)
B: Not bad. **How much are they?** (나쁘지 않네요. 얼마예요?)
A: They're ten dollars. They're on sale. (10달러입니다. 할인 중이에요.)

Check-Up

1 다음 빈칸에 들어갈 말로 알맞은 것을 모두 고르시오.

　　A: _____
　　B: It's not bad. How much is it?

① How about this one?
② Are you looking for this model?
③ What do you like about this model?
④ How do you like this model?
⑤ Do you have another model?

WORDS

1
look for …를 찾다

2 다음 우리말과 일치하도록 대화의 빈칸에 알맞은 말을 쓰시오.

　　A: _____ _____ this camera?
　　　(이 카메라는 어떠세요?)

　　B: I love it! I'll _____ _____.
　　　(정말 마음에 들어요! 그걸 살게요.)

FINAL TEST

1 다음 중 영어 단어와 우리말 뜻이 <u>잘못</u> 연결된 것은?

① wide – 넓은　　② light – 가벼운
③ crash – 충돌하다　④ try – 노력하다
⑤ comfortable – 중요한

2 다음 우리말과 일치하도록 빈칸에 알맞은 말을 쓰시오.

나뭇잎들은 물 위에 뜬다.

→ The leaves ＿＿＿＿＿ on the water.

3 다음 빈칸에 공통으로 들어갈 말로 알맞은 것은?

· We're just ＿＿＿＿ around.
· I'm ＿＿＿＿ for a washing machine.

① doing　　② buying　　③ looking
④ walking　⑤ moving

4 다음 대화의 빈칸에 들어갈 말로 알맞은 것을 <u>모두</u> 고르시오.

A: ＿＿＿＿＿＿＿＿＿
B: It's nice. I'll take it!

① What can I do for you?
② What about this shirt?
③ How much is this shirt?
④ How do you like this shirt?
⑤ Do you have a white shirt?

5 밑줄 친 ①~⑤ 중 대화의 흐름과 어울리지 <u>않는</u> 것은?

A: Can I help you?
B: Yes. ① <u>I'm looking for socks.</u>
A: ② <u>How about these gray socks?</u>
B: ③ <u>They're cheap.</u> ④ <u>How much are
they?</u>
A: ⑤ <u>Two dollars.</u>

6 대화가 자연스럽게 이어지도록 (A)~(D)를 바르게 배열하시오.

(A) Hello. What can I do for you?
(B) Great. I'll take two.
(C) Sure. They're three dollars each.
(D) Hi. Do you have chocolate muffins?

＿＿＿ → ＿＿＿ → ＿＿＿ → ＿＿＿

7 다음 중 짝지어진 단어의 관계가 나머지 넷과 <u>다른</u> 것은?

① bad – worst　　② good – best
③ nice – nicest　④ busy – busiest
⑤ tall – taller

8 다음 빈칸에 알맞은 단어를 쓰시오.

short : shortest = many : ＿＿＿＿＿

9 다음 빈칸에 들어갈 말로 알맞은 것은?

French is _____ than English.

① difficult
② difficulter
③ more difficult
④ many difficult
⑤ most difficult

(!) 자주 나와요

10 다음 빈칸에 공통으로 들어갈 말로 알맞은 것은?

· My bag is lighter _____ yours.
· This cloth is softer _____ silk.

① to
② as
③ than
④ of
⑤ among

[11-12] 다음 빈칸 ⓐ와 ⓑ에 들어갈 말이 바르게 짝지어진 것을 고르시오.

11
· Your hands are as ___ⓐ___ as mine.
· Jim's dog is ___ⓑ___ than ours.

	ⓐ	ⓑ		ⓐ	ⓑ
①	big	– small	②	big	– smaller
③	big	– smallest	④	bigger	– small
⑤	bigger	– smaller			

12
· You should call me as soon ___ⓐ___ possible.
· Siberia is one ___ⓑ___ the coldest places on earth.

	ⓐ	ⓑ		ⓐ	ⓑ
①	as	– of	②	as	– in
③	at	– of	④	than	– in
⑤	than	– of			

13 다음 빈칸에 들어갈 말로 알맞지 <u>않은</u> 것은?

I came home _____ than Jim.

① later
② more slowly
③ faster
④ further
⑤ earlier

14 다음 밑줄 친 부분 중 어법상 바르지 <u>못한</u> 것은?

① Paris is <u>smaller</u> than London.
② My younger brother is <u>heavier</u> than me.
③ This spring was shorter <u>than</u> last spring.
④ Ian's dad is <u>the tallest man</u> in the family.
⑤ Movies are <u>most interesting</u> than books.

(!) 자주 나와요   (!) 서술형

[15-16] 다음 우리말과 일치하도록 괄호 안의 말을 이용하여 문장을 완성하시오.

15 Nate는 나보다 피아노를 더 잘 연주한다. (good)

→ Nate plays the piano _____ _____ I do.

16 이것은 그 미술관에서 가장 아름다운 그림이다. (beautiful)

→ This is _____ _____ _____ picture in the gallery.

(!) 서술형

[17-18] 다음 우리말과 일치하도록 괄호 안의 말을 바르게 배열하시오.

17 거북이는 상어보다 더 오래 산다.
(than, live, turtles, sharks, longer)

→ _____

18 그는 세계에서 가장 뛰어난 축구 선수들 중 하나이다.
(in, he, is, soccer players, the, one, best, of, the world)

→ _____

19 다음 우리말을 영어로 바르게 옮긴 것은?

제주도는 한국에서 가장 큰 섬이다.

① Jeju-do is the large island in Korea.
② Jeju-do is the larger island in Korea.
③ Jeju-do is the largest island in Korea.
④ Jeju-do is most largest island in Korea.
⑤ Jeju-do is one of the largest islands in Korea.

! 어려워요

20 다음은 Mark의 중간고사 점수이다. Mark의 점수에 대해 알맞지 <u>않은</u> 것은?

Math	English	Music	Science
90	75	65	75

① His math score was the highest of them all.
② His English score was as high as his science score.
③ His music score was the lowest of them all.
④ His science score was higher than his math score.
⑤ His English score was lower than his math score.

21 다음 우리말과 일치하도록 괄호 안의 말을 이용하여 영작하시오.

A: Why were you late for school?
B: Sorry. <u>저는 평소보다 더 늦게 일어났어요.</u> (wake up, late)

→ I _____ _____ _____ usual.

[22-23] 세 지역의 현재 기온을 나타낸 다음 표를 보고, 형용사 hot을 이용하여 비교하는 문장을 완성하시오.

Seoul	Dokdo	Busan
32 °C	21 °C	30 °C

22 Seoul _____ _____ _____ of the three places.

23 Busan _____ _____ _____ Dokdo.

24 다음 우리말과 일치하도록 주어진 조건과 괄호 안의 말을 이용하여 영작하시오.

조건 1 원급 비교 표현을 사용할 것
조건 2 9단어로 쓸 것

나는 가능한 한 빨리 병원에 갔다.
(the hospital, soon)

→ _____

WORD LIST

✓ Grammar

☐ careful	형 조심하는
☐ German	명 독일어
☐ moment	명 순간; (특정한) 때
☐ fall	명 《pl.》 폭포
☐ low	형 낮은
☐ lazy	형 게으른
☐ lift	동 들어 올리다
☐ person	명 사람
☐ light	형 가벼운
☐ successful	형 성공한
☐ office	명 사무실
☐ lovely	형 사랑스러운
☐ try	동 노력하다
☐ powerful	형 영향력 있는
☐ leader	명 지도자, 리더
☐ drive	동 운전하다 (drive-drove)
☐ carefully	부 조심스럽게
☐ fresh	형 신선한
☐ speak	동 말하다 (speak-spoke)
☐ kindly	부 친절하게
☐ heavy	형 무거운
☐ sleep	동 (잠을) 자다 (sleep-slept)
☐ delicious	형 아주 맛있는
☐ dish	명 접시; 요리

✓ Reading

☐ iceberg	명 빙산
☐ huge	형 거대한
☐ piece	명 조각
☐ wide	형 넓은
☐ float	동 떠가다, 뜨다
☐ ship	명 배

☐ top	명 맨 위 (부분)
☐ underwater	형 물속의
☐ part	명 부분
☐ whole	형 전체의
☐ crash	동 충돌하다
☐ useful	형 유용한
☐ dangerous	형 위험한

✓ Communication

☐ manager	명 지배인
☐ take a look	…을 (한번) 보다
☐ look for	…을 찾다

✓ Final Test

☐ washing machine	세탁기
☐ French	명 프랑스어
☐ difficult	형 어려운
☐ cloth	명 옷감, 천
☐ last	형 가장 최근의, 지난
☐ gallery	명 미술관
☐ math	명 수학
☐ science	명 과학
☐ turtle	명 거북이

CHAPTER 09

Heejun! **Why** are you late?
(Heejun! 너 왜 늦은 거야?)

Ken

Sorry, I missed the bus. **How long** did you wait?
(미안해, 내가 버스를 놓쳤어. 너는 얼마나 오래 기다렸니?)

Heejun

About 30 minutes. Anyway, we should hurry!
(30분 정도야. 어쨌든, 우리는 서둘러야 해!)

Ken

A 의문사 who, what

의문사는 '누가, 무엇을, 언제, 어디서, 어떻게, 왜' 등 구체적인 정보를 물을 때 사용하는 말로, 의문사로
시작하는 의문문에는 Yes나 No로 대답할 수 없다.

문장의 종류	의문문의 어순	예
동사가 be동사인 문장	「의문사＋be동사＋주어 …?」	**What is** this? – It's a new table.
동사가 일반동사인 문장	「의문사＋조동사(do/will/can 등)＋ 주어＋동사원형 …?」	**When does** the bus **come**? – It comes in 5 minutes. **Where will** they **go**? – They will go to a café.
의문사가 주어인 문장	「의문사＋동사 …?」	**Who knows** the answer? – Julia does.

1 who '누구, 누가'

Who is the girl in the classroom? – That is *Jessica*.
Who did the man call? – He called *his father*.
Who made these chocolate cookies? – *Christine* did.

TIPS

> 의문사 주어
> 의문사가 주어일 때 3인칭 단수 취급한다.
> *Who* **has** the key to our classroom? – Mike does.
> (누가 교실 열쇠를 가지고 있니? – Mike가 가지고 있어.)

2 what '무엇, 무엇을'

What is your name? – My name is *Ben*.
What did Amy do at the lake? – She *swam* there.
What time did you meet him? – I met him *at 7*.
(※ What time은 의문사 When으로 바꿔 쓸 수 있다.)

TIPS

> 「What+명사」의 쓰임
> 의문사 what은 형용사처럼 뒤에 오는 명사를 수식하기도 한다. 이때, what은 '무슨[어떤] …'로 해석한다.
> **What movie** did you watch today? (너는 오늘 무슨 영화를 봤니?)
> **What kind** of music do you like? (너는 어떤 종류의 음악을 좋아하니?)

A 다음 괄호 안에서 알맞은 말을 고르시오.

WORDS

1 (Who / What) did Kate meet yesterday?

2 (Who / What) are you doing?

3 (Who / What) year is it now?

4 Who (wants / want) some candy?

B 다음 우리말과 일치하도록 빈칸에 알맞은 말을 쓰시오.

1 누가 에베레스트산을 올랐니?

→ _____ climbed Mt. Everest?

2 너는 어떤 운동을 가장 좋아하니?

→ _____ sport do you like the most?

3 네가 제일 좋아하는 과목은 무엇이니?

→ _____ is your favorite subject?

B
favorite 형 매우 좋아하는
subject 명 과목

C 다음 질문에 대한 알맞은 대답을 보기 에서 고르시오.

보기 ⓐ My grandpa did.   ⓑ I do yoga.   ⓒ A yellow dress.

1 What is she wearing?

2 What kind of exercise do you do?

3 Who visited your house yesterday?

C
yoga 명 요가
exercise 명 운동

D 다음 대화의 빈칸에 알맞은 의문사를 쓰시오.

1 A: _____ is that tall girl?
  B: That is my cousin Susan.

2 A: _____ ate all the food on the table?
  B: Jake did.

3 A: _____ color is her hair?
  B: It's red.

4 A: _____ did you see at the zoo?
  B: I saw lions, elephants, and giraffes there.

D
cousin 명 사촌

B 의문사 when, where, why, how

1 when '언제'

When will you come back? – I will come back *at 8 o'clock*.
When is your birthday? – It's *May 10*.
When did the alarm clock ring? – It rang *at 6 a.m*.

2 where '어디에(서)'

Where are my socks? – They are *in the drawer*.
Where do they get together? – They get together *at the museum*.
Where can I buy flowers? – There is *a flower shop on the first floor*.

3 why '왜'의 의미로, 대답할 때는 보통 because(왜냐하면)로 대답한다.

Why is that boy crying? – *Because* he fell down.
Why does Carla like him? – *Because* he is smart and kind.
Why didn't you come to school yesterday? – *Because* I was sick.

4 how '어떻게, 어떤'의 의미로, 상태나 방법, 수단 등을 물을 때 사용한다.

How was your vacation? – It was *great*.
How did you get there? – I went there *by subway*.
How can I turn on this machine? – *With this remote control*.

> **TIPS**
>
> 「How+형용사/부사」의 쓰임
> 1 「How+형용사/부사」: '얼마나 …한/하게'
>   **How old** are you? (너는 몇 살이니?)
>   **How often** does he play the piano? (그는 얼마나 자주 피아노를 치니?)
>   **How long** will you stay here? (너는 얼마나 오래 여기에 머무를 거니?)
> 2 「How many+셀 수 있는 명사의 복수형」: '얼마나 많은 …' (수)
>   「How much+셀 수 없는 명사」: '얼마나 많은 …' (양)
>   **How many bags** do you have? (너는 얼마나 많은 가방을 가지고 있니?)
>   **How much sugar** do you need? (너는 얼마나 많은 설탕이 필요하니?)
>
>   ※ 「How much+be동사+주어」: '…은 얼마예요?'
>   A: **How much is this shirt**? B: It's 20 dollars.
>   (이 셔츠는 얼마예요? / 20달러입니다.)

A 다음 우리말과 일치하도록 빈칸에 알맞은 말을 쓰시오.

1 그 강은 얼마나 깊니?　　→ _____ deep is the river?

2 그는 어디를 여행했니?　　→ _____ did he travel?

3 너는 왜 수학을 공부하니?　→ _____ do you study math?

WORDS

A
deep 형 깊은
travel 동 여행하다

B 다음 질문에 대한 알맞은 응답을 찾아 연결하시오.

1 Why are you so angry?　　·　　· ⓐ At home.

2 When do you exercise?　　·　　· ⓑ After school.

3 Where did you have lunch? ·　　· ⓒ Because Anne lied.

4 How can I get to the town? ·　　· ⓓ You can take a bus.

B
lie 동 거짓말하다

C 다음 대화의 빈칸에 알맞은 의문사를 쓰시오.

1 A: _____ is the purse?　　B: It is 30 dollars.

2 A: _____ are you hungry?　B: Because I skipped dinner.

3 A: _____ did you find it?　B: I found it on the desk.

4 A: _____ long does it take　B: It takes about 30 minutes.
　　to get there?

C
purse 명 지갑
skip 동 거르다
find 동 찾다, 발견하다
(find-found)

D 다음 초대장을 보고, 대화를 완성하시오.

D
take place (일이) 개최되다,
일어나다

Come to Jenny's Birthday Party!

1 Day & Time: this Friday at 4 p.m.
2 Place: at Jenny's house
3 People: 3 girls, 4 boys

1 A: _____ is the party?
　 B: It is _____.

2 A: _____ will the party take place?
　 B: It will take place _____.

3 A: _____ people will come to the party?
　 B: _____ will come to the party.

1 다음 대화의 빈칸에 알맞은 말을 쓰시오.

> A: ___(1)___ is the man in the car?
> B: He is my uncle.
> A: ___(2)___ is his job?
> B: He is a mechanic.

(1) _____ (2) _____

WORDS

1
job 몡 일, 직업
mechanic 몡 (차량) 정비공

2 다음 중 짝지어진 대화가 <u>어색한</u> 것은?

① How is the weather in Canada? – It is cold.
② Who is sitting on the sofa? – Victoria is.
③ What did you say? – No, I didn't.
④ When did you call me? – Last night.
⑤ What subject does he teach? – He teaches science.

3 다음 빈칸에 공통으로 들어갈 의문사를 쓰시오.

> • _____ are you from?
> • _____ did you see Jane?

3
be from … 출신이다

4 알맞은 의문사와 괄호 안의 말을 이용하여 다음 대화를 완성하시오.

(1) A: _____ _____ this soup? (cook)
   B: Your sister did.

(2) A: _____ _____ you _____? (buy)
   B: I bought some T-shirts.

(3) A: _____ _____ Kevin _____ medicine? (take)
   B: Because he had a headache.

4
cook 통 요리하다
medicine 몡 의학; *약, 약물
headache 몡 두통

5 다음 우리말과 일치하도록 괄호 안의 말을 이용하여 문장을 완성하시오.

> Rob은 얼마나 오래 잤니? (long, sleep)

→ _____ _____ _____ Rob _____?

A 다음은 Max의 애완동물을 찾는 포스터이다. 포스터를 보고, 보기처럼 질문을 작성하시오.

> **My Puppy's Missing**
>
> ★ Name & Age: Charlie, four months old
> ★ When: last Sunday
> ★ Where: at Center Park
> Please call me, Max. (010-123-1245)

보기 A: <u>What is the puppy's name?</u>
　　 B: The puppy's name is Charlie.

1 A: ＿＿＿＿＿ ＿＿＿＿＿ ＿＿＿＿＿ Charlie?
　 B: Charlie is four months old.

2 A: ＿＿＿＿＿ ＿＿＿＿＿ ＿＿＿＿＿ ＿＿＿＿＿ Charlie?
　 B: He lost Charlie last Sunday.

3 A: ＿＿＿＿＿ ＿＿＿＿＿ ＿＿＿＿＿ ＿＿＿＿＿ Charlie?
　 B: He lost Charlie at Center Park.

B 다음 우리말과 일치하도록 괄호 안의 말을 바르게 배열하시오.

1 그 건물은 얼마나 높니? (the building, tall, is, how)
　 → ＿＿＿＿＿＿＿＿＿＿＿＿＿＿＿＿＿＿＿＿

2 왜 공룡들이 사라졌을까? (disappear, the dinosaurs, why, did)
　 → ＿＿＿＿＿＿＿＿＿＿＿＿＿＿＿＿＿＿＿＿

3 수학 수업이 몇 시에 끝나니? (time, finish, what, does, the math class)
　 → ＿＿＿＿＿＿＿＿＿＿＿＿＿＿＿＿＿＿＿＿

4 너는 누구를 가장 사랑하니? (love, who, you, the most, do)
　 → ＿＿＿＿＿＿＿＿＿＿＿＿＿＿＿＿＿＿＿＿

5 Lucy는 어디에서 머리를 잘랐니? (Lucy, get, where, a haircut, did)
　 → ＿＿＿＿＿＿＿＿＿＿＿＿＿＿＿＿＿＿＿＿

[*The king, Mufasa, and his son, Simba, are watching the sunrise.*]

Mufasa: A king rises and falls like the sun. One day, the sun will rise with a new king.

Simba: ____(A)____ will be the next king?

Mufasa: You will, Simba.

Simba: Me? **What** will happen to me?

Mufasa: Everything will be yours.

Simba: That's amazing! That dark place, too? **How far** is it from here?

Mufasa: It's a few miles from here. But that's not our land. You must not go there.

Simba: ____(B)____ do you say that?

Mufasa: Because it's very dangerous.

Simba: Okay, Dad. [*thinking to himself*] But I'll go there someday.

1 밑줄 친 That dark place에 관한 설명 중 위 대화의 내용과 일치하지 <u>않는</u> 것은?

① 대화하는 장소로부터 몇 마일 떨어져 있다.
② 무파사와 심바의 땅이 아니다.
③ 무파사가 가면 안 된다고 한 곳이다.
④ 매우 위험한 곳이다.
⑤ 심바는 그곳에 가지 않을 것이다.

(!) 서술형

2 위 대화의 빈칸 (A)와 (B)에 들어갈 알맞은 의문사를 쓰시오.

(A) _____   (B) _____

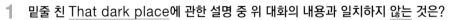

WORDS   sunrise 명 일출   rise 동 오르다   fall 동 ¹_____   next 형 다음의
        happen 동 ²_____   amazing 형 놀라운   dark 형 어두운   far 형 (거리가) 먼
        mile 명 (거리 단위) 마일   land 명 땅   dangerous 형 위험한   someday 부 언젠가, 훗날

A 길 찾기

A: **Where is** the Seoul Museum?
(서울 박물관은 어디에 있나요?)

B: It's not far from here. **Go straight and turn left.**
It's on your right.
(여기서 멀지 않아요. 직진해서 왼쪽으로 도세요. 그것은 당신의 오른편에 있어요.)

A: Thank you very much! (정말 감사합니다!)

'…는 어디에 있나요?'의 의미로 길을 물을 때는 「Where is …?」의 표현을 쓴다. 길을 안내할 때는
left(왼쪽), right(오른쪽), straight(곧장, 똑바로) 등 방향을 나타내는 말을 사용한다.

⊕ EXPRESSION PLUS

1 길 묻기
• Where can I find the bank? (제가 어디에서 은행을 찾을 수 있나요?)
• How can I get to the shopping mall? (제가 어떻게 쇼핑몰에 갈 수 있나요?)
• Do you know the way to the movie theater? (영화관으로 가는 길을 아세요?)

2 길 안내하기
• It's on your right. (그것은 당신의 오른편에 있습니다.)
• Cross the street. (길을 건너세요.)
• It's next to[across from] the park. (그것은 공원 옆에[맞은편에] 있어요.)

Check-Up

1 괄호 안의 말을 이용하여 다음 대화를 완성하시오.

A: _____ _____ _____ _____
_____ the opera house? (how)
B: Cross the street and turn right.

2 다음 대화에서 A가 가려고 하는 곳을 지도에서 고르시오.

A: Where is the department store?
B: Go straight one block and turn right. It's across from
the park.

| ① | ② | School | ⑤ |
| Theater | ③ | ④ | Park |

↑

WORDS

1
opera house 오페라 극장

2
department store 백화점

B 좋아하는 것 묻고 답하기

A: **Do you like** any snacks?
(너는 간식을 좋아하니?)

B: Yes. **I love** potato chips. **What** snacks **do you like**?
(응. 난 감자 칩이 정말 좋아. 너는 어떤 간식을 좋아해?)

A: **I like** popcorn. (나는 팝콘을 좋아해.)

특정 대상을 좋아하는지 물을 때는 「Do you like[enjoy] ...?」를, 무엇을 좋아하는지 물을 때는 「What ... do you like?」를 쓸 수 있다. 좋아하는 것을 말할 때는 「I love ...」나 「I like ...」로 표현할 수 있다.

➕ EXPRESSION PLUS

A: What's your favorite food? (네가 가장 좋아하는 음식은 뭐니?)
B: **I like** sushi **best**. (나는 초밥을 가장 좋아해.)

A: **Do you enjoy** webtoons? (너는 웹툰을 즐기니?)
B: Yes. They are really fun. (응. 그건 정말 재미있어.)

Check-Up

1 다음 질문에 대한 알맞은 응답을 찾아 연결하시오.

(1) Do you like art? •

(2) Who's your favorite actor? •

(3) Do you enjoy horror movies? •

• ⓐ I love Ryan Gosling.

• ⓑ Yes. I think they're interesting.

• ⓒ No, I don't. I like history.

WORDS

1
actor 명 배우
history 명 역사

2 다음 문장이 들어갈 위치로 가장 알맞은 곳은?

Do you like Eminem?

A: What's your favorite kind of music? ①
B: I like hip hop. ②
A: No, I don't. ③ But I love Jay-Z. ④
B: I love his songs, too. ⑤

1 다음 중 영어 단어와 우리말 뜻이 <u>잘못</u> 연결된 것은?

① far – 가까운　　② rise – 오르다
③ deep – 깊은　　④ medicine – 약
⑤ amazing – 놀라운

2 다음 우리말과 일치하도록 빈칸에 알맞은 말을 쓰시오.

그 음악 축제는 다음 달에 개최될 것이다.

→ The music festival will _____
_____ next month.

[3-4] 다음 대화의 빈칸에 들어갈 말로 알맞지 <u>않은</u> 것을 고르시오.

3　A: What's your favorite subject?
　　B: _____

① It's art.
② I love science.
③ I like math best.
④ I don't like music class.
⑤ English is my favorite subject.

4　A: Where can I find the bookstore?
　　B: _____

① Cross the street.
② I'll go to the bookstore.
③ Turn right at the corner.
④ Go straight three blocks.
⑤ Turn around and go one block.

5 대화가 자연스럽게 이어지도록 (A)~(D)를 바르게 배열하시오.

(A) Yes. It's near here.
(B) How can I get there?
(C) Do you know the way to City Hall?
(D) Cross the street and go two blocks.

_____ → _____ → _____ → _____

자주 나와요

[6-7] 다음 대화의 빈칸에 들어갈 말로 알맞은 것을 고르시오.

6　A: How _____ are these socks?
　　B: They are two dollars.

① well　　② long　　③ many
④ much　　⑤ often

7　A: _____ is the bus stop?
　　B: It's across the street.

① Who　　② When　　③ How
④ What　　⑤ Where

8 다음 빈칸에 들어갈 말이 나머지 넷과 <u>다른</u> 것은?

① _____ are they from?
② _____ far is the bank from here?
③ _____ does Suji practice speaking
　 English?
④ _____ high is the mountain?
⑤ _____ many students are in the
　 class?

[9-11] 다음 대화의 빈칸에 들어갈 말로 알맞은 것을 고르시오.

9

A: When do you usually take a shower?
B: _____

① About 15 minutes.
② Twice a day.
③ After dinner.
④ In the bathroom.
⑤ Because I'm dirty.

10

A: What are these in the basket?
B: _____

① It is a knife.
② No, they aren't.
③ That is a puppy.
④ They are mangoes.
⑤ Yes, those are cookies.

11

A: _____
B: Because he broke his bike.

① Who fixed his bike?
② Why was Robert upset?
③ How did he fix his bike?
④ When will Robert come home?
⑤ Where did Robert buy his bike?

12 다음 밑줄 친 부분과 바꿔 쓸 수 있는 것은?

What time does the concert start?

① How   ② Who
③ When   ④ Where
⑤ How many

13 다음 밑줄 친 부분 중 쓰임이 나머지 넷과 <u>다른</u> 것은?

① <u>What</u> size do you wear?
② <u>What</u> color do you like?
③ <u>What</u> sport are you good at?
④ <u>What</u> is the box on your desk?
⑤ <u>What</u> kind of fish did you catch?

14 다음 밑줄 친 부분의 의미가 보기와 같은 것은?

보기 <u>How</u> are you feeling today?

① <u>How</u> did you know his name?
② <u>How</u> will you pay for this bag?
③ <u>How</u> was your trip to Jeju-do?
④ <u>How</u> does the air conditioner work?
⑤ <u>How</u> are you going to get to Chicago?

◀) 서술형

[15-17] 다음 우리말과 일치하도록 빈칸에 알맞은 말을 쓰시오.

15 그는 얼마나 자주 물을 마시니?

→ _____ _____ does he drink water?

16 너는 얼마나 많은 스웨터를 가지고 있니?

→ _____ _____ sweaters do you have?

17 그 터널은 얼마나 긴가요?

→ _____ _____ is the tunnel?

18 다음 밑줄 친 부분 중 의미상 어색한 것은?

A: ① What movie did you see ② last night?
B: *The Avengers*. I saw ③ it for free.
A: ④ Where did you see it for free?
B: My dad ⑤ gave me the ticket.

19 다음 중 짝지어진 대화가 어색한 것은?

① A: What did you do yesterday?
  B: I watched TV.
② A: Who closed the door?
  B: Mom did.
③ A: How many pens are there?
  B: There are ten.
④ A: When did the war end?
  B: It ended in 1953.
⑤ A: How tall are you?
  B: He's taller than I am.

20 다음 메모를 보고, 대답할 수 없는 질문을 모두 고르시오.

To Sierra

· Jake called you.
· His message: Call and tell me about our math homework.
· His phone number: 010-123-1344

① Who called Sierra?
② When did Jake call?
③ What is Jake's message?
④ What subject does Jake like?
⑤ What is Jake's phone number?

내신 완성 서술형

21 다음 우리말과 일치하도록 괄호 안의 말을 이용하여 영작하시오. (5단어로 작성할 것)

A: 너는 언제 점심을 먹니? (eat lunch)
B: I eat lunch at noon.

→ _____

[22-23] 다음 문장을 바르게 고쳐 쓰시오.

22 How many money do you need?

→ _____

23 Where does Olivia and Tom live?

→ _____

[24-25] 다음은 Lisa와 Ken의 등교 방법과 등교 시간을 나타낸 표이다. 표를 보고, 대화를 완성하시오.

	Lisa	Ken
등교 방법	take a bus	go on foot
등교 시간	at 8:00	at 8:30

24 A: _____ does Lisa get to school? (방법)
  B: She _____.

25 A: _____ does Ken arrive at school? (시간)
  B: He _____.

WORD LIST

✓ Grammar

☐ favorite   혱 매우 좋아하는

☐ subject   몡 과목

☐ yoga   몡 요가

☐ exercise   몡 운동

☐ cousin   몡 사촌

☐ deep   혱 깊은

☐ travel   됭 여행하다

☐ lie   됭 거짓말하다

☐ purse   몡 지갑

☐ skip   됭 거르다

☐ find   됭 찾다, 발견하다 (find-found)

☐ take place   (일이) 개최되다, 일어나다

☐ job   몡 일, 직업

☐ mechanic   몡 (차량) 정비공

☐ be from   ⋯ 출신이다

☐ cook   됭 요리하다

☐ medicine   몡 의학; 약, 약물

☐ headache   몡 두통

☐ disappear   됭 사라지다

☐ get a haircut   머리를 깎다

✓ Reading

☐ sunrise   몡 일출

☐ rise   됭 오르다

☐ fall   됭 떨어지다, 내리다

☐ next   혱 다음의

☐ happen   됭 (일이) 발생하다, 벌어지다

☐ amazing   혱 놀라운

☐ dark   혱 어두운

☐ far   혱 (거리가) 먼

☐ mile   몡 (거리 단위) 마일

☐ land   몡 땅

☐ dangerous   혱 위험한

☐ someday   뷘 언젠가, 훗날

✓ Communication

☐ department store   백화점

☐ snack   몡 간식

☐ actor   몡 배우

☐ history   몡 역사

✓ Final Test

☐ bookstore   몡 서점

☐ corner   몡 모퉁이

☐ take a shower   샤워하다

☐ upset   혱 속상한

☐ be good at   ⋯을 잘하다

☐ catch   됭 잡다

☐ pay   됭 지불하다

☐ trip   몡 여행

☐ air conditioner   에어컨

☐ for free   무료로

☐ war   몡 전쟁

☐ on foot   걸어서

CHAPTER 10

부가 의문문, 감탄문, 명령문

What a high mountain it is!
Let's climb it before sunset,
shall we?
(참 높은 산이구나! 해지기 전에 오르자, 그럴
거지?)

Ron

Yeah. (**How hard it will be!**)
(응. (정말 힘들겠어!))

Helen

A 부가 의문문

평서문 뒤에 덧붙이는 의문문으로, 동의를 구하거나 말한 내용을 확인할 때 '그렇지 (않니)?'라는 의미로 사용한다.

1 부가 의문문의 형태

형태	긍정문 뒤에는 부정의 부가 의문문 부정문 뒤에는 긍정의 부가 의문문	You *are* hungry, **aren't** you? She *isn't* a movie star, **is** she?
주어	평서문의 주어 → 대명사 (※ this/that → it)	*Joe and Elyse* like each other, don't **they**? *That* isn't a cherry, is **it**?
동사와 시제	be동사 → be동사 조동사 → 조동사 일반동사 → do/does/did	She *is* rich, **isn't** she? He *won't* clean his room, **will** he? The stadium *sells* snacks, **doesn't** it?
	시제: 평서문 시제와 동일	They *ate* chicken in the park, **didn't** they?

2 부가 의문문에 대한 대답   대답이 긍정이면 Yes, 부정이면 No를 사용한다.

His hands are really big, aren't they? – **Yes**, **they are**. / **No**, **they aren't**.
You love romantic movies, don't you? – **Yes**, **I do**. / **No**, **I don't**.

B 감탄문

'참 …하구나!'의 의미로, 기쁨이나 슬픔 등 자신의 감정이나 느낌을 표현하는 문장이다.

1 what으로 시작하는 감탄문   「What(+a/an)+형용사+명사(+주어+동사)!」

What an old house (this is)! (← This is a very old house.)
What funny boys (they are)! (← They are very funny boys.)
※ 복수명사나 셀 수 없는 명사가 나오면 부정관사 a/an을 쓰지 않는다.

2 how로 시작하는 감탄문   「How+형용사/부사(+주어+동사)!」

How pretty (it is)! (← It is very pretty.)
How nice the weather is! (← The weather is very nice.)

Check-Up

A 다음 괄호 안에서 알맞은 말을 고르시오.

1 You didn't wash the dishes, (do / did) you?

2 Sarah is a great pianist, (isn't / doesn't) she?

3 (What / How) spicy food this is!

4 (What / How) horrible the fire was!

WORDS

A
wash the dishes 설거지를 하다
spicy 혱 (맛이) 매운
horrible 혱 끔찍한

B
exciting 혱 신나는

B 다음 문장을 감탄문으로 바꿀 때, 빈칸에 알맞은 말을 쓰시오.

1 The water is very cold.

→ _____ _____ the water is!

2 It is a very exciting game.

→ _____ _____ _____ _____ it is!

3 These cars are very fast.

→ _____ _____ these cars are!

4 You are a very good friend.

→ _____ _____ _____ _____ you are!

C 다음 빈칸에 알맞은 부가 의문문을 쓰시오.

1 This is an orange, _____ _____?

2 Tom has two sons, _____ _____?

3 They didn't buy an airplane ticket, _____ _____?

4 We will watch a movie, _____ _____?

D 다음 대화의 빈칸에 알맞은 말을 쓰시오.

1 A: You are sleepy now, aren't you?

B: No, _____ _____.

2 A: She studies hard, doesn't she?

B: Yes, _____ _____.

C 명령문

명령문은 상대방에게 명령, 권유, 부탁 등을 나타내는 문장으로, 보통 주어(you)를 생략하고 동사원형으로 시작한다.

1 명령문의 형태

1) 긍정 명령문: '…해라'의 뜻으로 동사원형으로 시작한다.

Be quiet.

Calm down.

Stand up, **please.** (= **Please stand** up.)

※ please를 명령문의 앞이나 뒤에 붙이면 공손한 부탁의 의미가 된다.

2) 부정 명령문: '…하지 마라'의 뜻으로 「Don't+동사원형」의 형태이다.

Don't be rude to your parents.

Don't jump on the bed.

2 권유의 명령문

1) 긍정문: '…하자'의 뜻으로 「Let's+동사원형」의 형태이다.

Let's take a break.

Let's read a novel.

2) 부정문: '…하지 말자'의 뜻으로 「Let's not+동사원형」의 형태이다.

Let's not go shopping.

Let's not watch a horror movie.

3 명령문에 대한 대답

1) 긍정 대답: Okay. / Sure. / All right. / Why not? / No problem. / (특히, 권유의 명령문) Yes, let's.

Don't worry about it. – **Okay.**

Let's visit our grandfather's farm. – **Yes, let's.**

2) 부정 대답: I'm sorry, but I can't. / (특히, 권유의 명령문) No, let's not.

Catch the spider, please! – **I'm sorry, but I can't.**

Let's listen to the radio. – **No, let's not.**

Check-Up

A 다음 괄호 안에서 알맞은 말을 고르시오.

1 (Do / Be) nice to your friends.

2 (Don't / Doesn't) drink too much coffee.

3 (Let's not / Not let's) cross the street here.

4 (Turn / Turned) off your cell phone, please.

WORDS

A
cross 통 건너다
turn off …를 끄다

B 다음 빈칸에 들어갈 말을 보기 에서 골라 쓰시오.

보기   be   do   don't   let's   slow

1 _____ your best on the test.

2 _____ down. You're driving too fast.

3 I'm hungry. _____ have lunch now.

4 The baby is sleeping. _____ make noise.

5 _____ careful. It's dangerous.

B
make noise 시끄럽게 하다
dangerous 형 위험한

C 다음 밑줄 친 부분을 바르게 고치시오.

1 Let's <u>waste not</u> our time.   → _____

2 Don't <u>late</u> for school again.   → _____

3 Please <u>touches</u> the screen softly.   → _____

4 Don't <u>picks</u> the flowers in my garden. → _____

5 Let's <u>writing</u> a letter to our parents. → _____

C
waste 통 낭비하다
screen 명 화면
softly 부 부드럽게
pick 통 고르다; *(꽃을) 꺾다

D 다음 문장을 괄호 안의 지시대로 바꿔 쓰시오.

1 You walk on the grass. (부정 명령문으로)

→ _____ _____ on the grass.

2 We play badminton after school. (긍정의 권유 명령문으로)

→ _____ _____ badminton after school.

3 You helped your sister with her homework. (긍정 명령문으로)

→ _____ _____ _____ with her homework.

D
grass 명 잔디
help A with B A가 B하는 것을 돕다

1 다음 밑줄 친 부분을 바르게 고치시오.

(1) Let's <u>have not</u> fast food for lunch.　→ _____

(2) How wonderfully <u>cooks he</u>!　→ _____

(3) You don't know the password, <u>are you</u>?　→ _____

WORDS

1
password 몡 비밀번호

2 다음 빈칸 ⓐ와 ⓑ에 들어갈 말이 바르게 짝지어진 것은?

· We can see kangaroos over there, _____ⓐ_____ we?

· Stewart and Dan don't like sports, _____ⓑ_____ they?

	ⓐ	ⓑ		ⓐ	ⓑ		ⓐ	ⓑ
①	do	– don't	②	can	– do	③	can	– don't
④	can't	– do	⑤	can't	– don't			

3 다음 대화의 빈칸에 들어갈 말로 알맞지 <u>않은</u> 것은?

A: Let's go to the movies tonight.

B: _____

① Sure.　② All right.　③ Yes, I do.

④ No, let's not.　⑤ I'm sorry, but I can't.

4 다음 중 어법상 바르지 <u>못한</u> 것은?

① What a tall building!

② What big that cave is!

③ Don't go out in this hot weather.

④ She was in the restaurant, wasn't she?

⑤ This is the biggest ship in our country, isn't it?

4
cave 몡 동굴

5 다음 우리말과 일치하도록 괄호 안의 말을 이용하여 문장을 완성하시오.

(1) 벤치에 앉지 마라. (sit)

　→ _____ _____ on the bench.

(2) 오늘 오후 일정을 확인하자. (check)

　→ _____ _____ the schedule for this afternoon.

5
check 동 확인하다
schedule 몡 일정, 스케줄

A 지진 발생 시 행동 요령을 나타낸 다음 그림을 보고, 주어진 말을 이용하여 명령문을 완성하시오.

1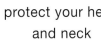
protect your head
and neck

2
stay under a large
table

3
use gas

4
get on the elevator

1 First of all, _____.

2 _____

3 _____

4 _____

B 다음 문장을 괄호 안의 지시대로 바꿔 쓰시오.

1 The strawberries are sweet. (부가 의문문으로)

→ _____

2 The sky is very clear. (how로 시작하는 감탄문으로)

→ _____

3 We eat Korean food. (긍정의 권유 명령문으로)

→ _____

4 You left your umbrella on the subway. (부정 명령문으로)

→ _____

5 These are very expensive sunglasses. (what으로 시작하는 감탄문으로)

→ _____

6 We talked about the math test. (부정의 권유 명령문으로)

→ _____

Hello everyone! Last class, we made our class rules poster, **didn't we**? **Let's read** our class rules together!

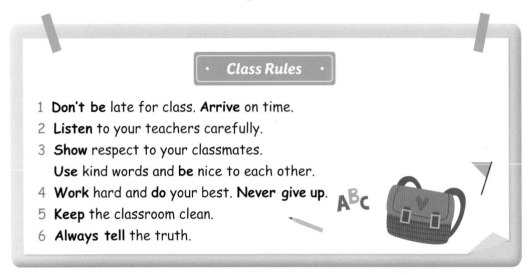

> **·** *Class Rules* **·**
>
> 1 **Don't be** late for class. **Arrive** on time.
> 2 **Listen** to your teachers carefully.
> 3 **Show** respect to your classmates.
>   **Use** kind words and **be** nice to each other.
> 4 **Work** hard and **do** your best. **Never give up.**
> 5 **Keep** the classroom clean.
> 6 **Always tell** the truth.

(simple, are, how, the rules, !) You can follow them easily, **can't you**?
Let's make a happy class!

1 위 글에 언급된 학급 규칙이 <u>아닌</u> 것은?

① 수업에 늦지 마라.

② 선생님 말씀을 주의 깊게 들어라.

③ 반 친구들에게 상냥한 말을 써라.

④ 교실을 깨끗하게 써라.

⑤ 수업 전에 휴대전화를 꺼라.

(!) 서술형

2 위 글의 괄호 안의 말을 바르게 배열하시오.

→ _____

WORDS	class rule 학급 규칙	together 📄 함께, 같이	arrive 📄 ¹_____	on time 제시간에
	carefully 📄 주의하여	respect 📄 존경; *존중	classmate 📄 반 친구	word 📄 단어; *말 each other 서로
	do one's best 최선을 다하다	give up ⋯을 포기하다	truth 📄 사실	simple 📄 간단한
	follow 📄 ²_____	easily 📄 쉽게		

A 제안하기

A: This soup tastes too salty.
(이 수프는 너무 짠맛이 나.)

B: **Why don't you** add some water?
(물을 좀 넣는 게 어때?)

A: **That's a good idea.**
(그거 좋은 생각이다.)

상대방에게 제안할 때는 '…하는 게 어때?'의 의미로 「Why don't you+동사원형 …?」이나 「How about v-ing …?」라고 말한다. '…하자.'라는 의미로 「Let's+동사원형」을 이용하여 제안할 수도 있다. 상대방의 제안을 받아들일 때는 'That's a good idea.' 등으로 말할 수 있다.

➕ EXPRESSION PLUS

1 제안하기 　 · **Let's eat** some cake. (케이크를 좀 먹자.)
　　　　　　　· **How about going** to a jazz festival? (재즈 페스티벌에 가는 게 어때?)

2 제안에 답하기 　· **Good idea!** (좋은 생각이야!) / **Sounds good!** (좋아!)
　　　　　　　· **That's not a good idea.** (그건 좋은 생각이 아니야.) / **I'm not sure.** (잘 모르겠어.)

Check-Up

1 다음 대화의 빈칸에 들어갈 말로 알맞은 것은?

> A: I can't walk. I'm very tired.
> B: Me, too. ＿＿＿＿＿＿＿＿＿＿＿＿＿

① I'm not sure.　　　　② Good idea.
③ Sounds good.　　　　④ Are you tired?
⑤ Let's take a break.

WORDS

1
take a break 휴식을 취하다

2 다음 우리말과 일치하도록 괄호 안의 말을 이용하여 문장을 완성하시오.

너는 이메일을 보내보는 게 어때? (why, send)

→ ＿＿＿＿＿ ＿＿＿＿＿ ＿＿＿＿＿ ＿＿＿＿＿ an email?

B 요청하고 답하기

A: It's really noisy outside. **Can you close** the window?
(밖이 정말 시끄럽네. 창문을 닫아 줄 수 있니?)

B: **Of course.**
(물론이야.)

'…해 줄래?'의 의미로 상대방에게 도움을 요청할 때는 「Can you+동사원형 …?」이라고 말한다. '…를 해 줘.'라는 의미로 「(Please+) 동사원형」을 말할 수도 있다. 상대방의 요청을 수락할 때는 'Of course.' 등으로 대답할 수 있다. 거절할 경우에는 'I'm afraid not.'이나 'I'm sorry, but I can't.' 등을 쓴다.

⊕ EXPRESSION PLUS

A: **Can you water** the plants? (식물에 물 좀 줄래?)
B: **Sure.** (물론이야.) / **I'm afraid not.** (나는 못 할 것 같아.)

A: **Please turn on** the heater. (히터 좀 틀어줘.)
B: **No problem.** (문제없어.) / **I'm sorry, but I can't.** (미안하지만, 나는 못 해.)

Check-Up

1 다음 대화의 빈칸에 들어갈 말로 알맞지 <u>않은</u> 것은?

A: Can you move your car?
B: _____

① Sure.   ② Of course.
③ No problem.   ④ That's very good.
⑤ I'm sorry, but I can't.

WORDS

2 다음 문장이 들어갈 위치로 가장 알맞은 곳은?

Can you buy tickets online?

A: Let's watch a baseball game at the stadium. ①
B: Good idea! ② Do you have tickets? ③
A: No, I don't. ④
B: No problem. ⑤

2
online 閈 온라인으로
stadium 옘 경기장

1 다음 중 영어 단어와 우리말 뜻이 <u>잘못</u> 연결된 것은?

① follow – 따르다   ② carefully – 부주의하게
③ waste – 낭비하다   ④ check – 확인하다
⑤ cross – 건너다

2 다음 우리말과 일치하도록 빈칸에 알맞은 말을 쓰시오.

그는 TV를 끄지 않았다.

→ He didn't _____ _____ the
TV.

3 다음 대화의 빈칸에 들어갈 말로 알맞은 것은?

A: This box is too heavy for me.

B: _____

B: No problem.

① Did you carry the box?
② Can you carry the box?
③ Should you carry the box?
④ Are you carrying the box?
⑤ Do you want the box?

4 다음 중 짝지어진 대화가 <u>어색한</u> 것은?

① A: Please open this bottle.
  B: Sure.
② A: Let's have a birthday party for Dad.
  B: Great!
③ A: Why don't you drink some water?
  B: That's a good idea.
④ A: Can you help me with my homework?
  B: I'm sorry, but I can't.
⑤ A: How about watching the TV show
    now?
  B: You'll watch the TV show.

5 대화가 자연스럽게 이어지도록 (A)~(C)를 바르게 배열하시오.

(A) Good idea.
(B) Why don't you join a study club?
(C) Math is too difficult for me.

_____ → _____ → _____

6 다음 빈칸에 들어갈 말로 알맞지 <u>않은</u> 것은?

How _____ your sister is!

① tall   ② kind   ③ smart
④ lucky   ⑤ nicely

7 다음 빈칸 ⓐ와 ⓑ에 들어갈 말이 바르게 짝지어진 것은?

• _____ⓐ_____ lazy you are!
• _____ⓑ_____ a delicious dinner!

	ⓐ	ⓑ		ⓐ	ⓑ
①	How	– How	②	How	– What
③	What	– How	④	Why	– What
⑤	What	– What			

8 다음 대화의 빈칸에 들어갈 말로 알맞은 것은?

A: You were late for class again,
  weren't you?
B: _____

① Yes, I was.   ② No, I am not.
③ No, I didn't.   ④ Yes, you were.
⑤ No, you weren't.

[9-10] 다음 빈칸에 알맞은 부가 의문문을 쓰시오.

9
Jane and Theo don't know me,
_____ _____?

10
Gary will pass the test, _____
_____?

11 다음 빈칸에 들어갈 말이 나머지 넷과 <u>다른</u> 것은?

① They ate pizza, _____ they?
② Shelly worked hard, _____ she?
③ He bought a camera, _____ he?
④ You walked to school, _____ you?
⑤ We were at the zoo last Wednesday,
_____ we?

[12-15] 다음 우리말과 일치하도록 보기 의 말을 이용하여 문장을 완성하시오.

보기   play   eat   kind   take

12
네 이웃들에게 친절하게 대해라.

→ _____ _____ to your
neighbors.

13
밤에 너무 많이 먹지 마라.

→ _____ _____ too much at
night.

14
나중에 야구를 하자.

→ _____ _____ baseball later.

15
택시를 타지 말자.

→ _____ _____ _____
a taxi.

16 다음 우리말을 영어로 바르게 옮긴 것은?

그 소파는 정말 푹신하구나!

① How soft is the sofa!
② How soft the sofa is!
③ What soft the sofa is!
④ What a soft sofa is!
⑤ What soft the sofa that is!

[17-18] 다음 우리말과 일치하도록 주어진 말을 바르게
배열하시오.

17
너는 식탁을 치우지 않았어, 그렇지?
(you, clear, you, did, didn't, the table)

→ _____

18
Amy는 중국어를 할 수 있어, 그렇지 않니?
(can, Amy, she, Chinese, speak, can't)

→ _____

19 다음 중 어법상 바르지 <u>못한</u> 것은?

① Have a seat, please.

② Be an honest person.

③ Don't jump into the pool.

④ What a good son he is!

⑤ Her opinion was great, wasn't she?

자주 나와요

20 다음 중 짝지어진 대화가 <u>어색한</u> 것은?

① A: Let's feed the birds.

B: Okay.

② A: Let's invite Max to our home.

B: That's not a good idea.

③ A: Don't be too upset.

B: No, let's not.

④ A: What a beautiful park!

B: Yeah, it's really pretty.

⑤ A: Ian doesn't like cats, does he?

B: Yes, he does.

서술형

[21-22] 다음 괄호 안의 말을 이용하여 감탄문으로 바꿔 쓰시오.

21 It is a very clean river. (what)

→ _____

22 The elephant was very big. (how)

→ _____

내신 완성 서술형 🔍

23 다음 밑줄 친 부분 중 어법상 바르지 <u>못한</u> 것을 골라 바르게 고치시오.

A: ① <u>Look</u> at this Christmas tree!

B: ② <u>What a giant Christmas tree</u>
③ <u>it</u> is!

A: You also have a Christmas tree,
④ <u>haven't</u> you?

B: ⑤ <u>Yes</u>, I do.

_____ → _____

[24-25] 다음 문장을 괄호 안의 지시대로 바꿔 쓰시오.

24 The wind blows very hard.
(how로 시작하는 감탄문으로)

→ _____

25 Mike didn't finish work yet.
(부가 의문문으로)

→ _____

26 다음 우리말과 일치하도록 주어진 조건과 괄호 안의 말을 이용하여 영작하시오.

조건 1 두 문장을 쓸 것

조건 2 명령문으로 작성할 것

조건 3 두 문장 합해서 4단어로 작성할 것

걱정하지 마세요. 행복하세요. (worry, happy)

→ _____

WORD LIST

✓ Grammar

☐ wash the dishes	설거지를 하다
☐ spicy	형 (맛이) 매운
☐ horrible	형 끔찍한
☐ exciting	형 신나는
☐ rude	형 무례한
☐ cross	동 건너다
☐ turn off	…를 끄다
☐ make noise	시끄럽게 하다
☐ dangerous	형 위험한
☐ waste	동 낭비하다
☐ screen	명 화면
☐ softly	부 부드럽게
☐ pick	동 고르다; (꽃을) 꺾다
☐ grass	명 잔디
☐ help A with B	A가 B하는 것을 돕다
☐ password	명 비밀번호
☐ cave	명 동굴
☐ check	동 확인하다
☐ schedule	명 일정, 스케줄
☐ protect	동 보호하다
☐ get on	…을 타다

✓ Reading

☐ class rule	학급 규칙
☐ together	부 함께, 같이
☐ arrive	동 도착하다
☐ on time	제시간에
☐ carefully	부 주의하여
☐ respect	명 존경; 존중
☐ word	명 단어; 말
☐ do one's best	최선을 다하다
☐ give up	…을 포기하다

☐ truth	명 사실
☐ simple	형 간단한
☐ follow	동 (충고·지시 등을) 따르다
☐ easily	부 쉽게

✓ Communication

☐ taste	동 … 맛이 나다
☐ salty	형 짠, 짭짤한
☐ add	동 더하다
☐ take a break	휴식을 취하다
☐ noisy	형 시끄러운
☐ outside	부 밖에
☐ water	동 (화초 등에) 물을 주다
☐ online	부 온라인으로
☐ stadium	명 경기장

✓ Final Test

☐ carry	동 운반하다, 나르다
☐ nicely	부 멋지게
☐ lazy	형 게으른
☐ neighbor	명 이웃
☐ soft	형 부드러운, 푹신한
☐ clear	동 치우다
☐ have a seat	앉다
☐ honest	형 정직한
☐ opinion	명 의견
☐ feed	동 먹이를 주다
☐ invite	동 초대하다
☐ giant	형 거대한

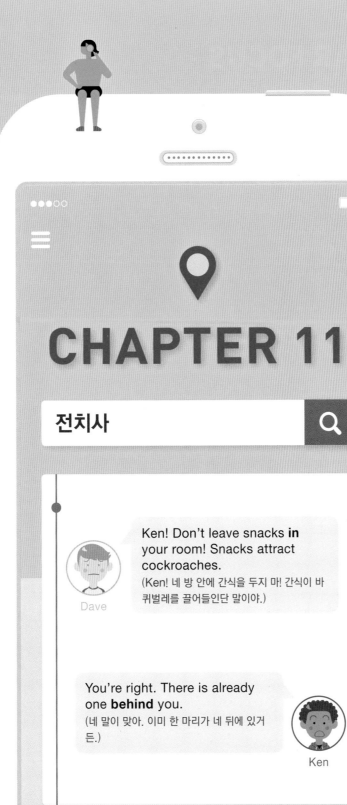

CHAPTER 11

전치사

Ken! Don't leave snacks in your room! Snacks attract cockroaches.
(Ken! 네 방 안에 간식을 두지 마! 간식이 바퀴벌레를 끌어들인단 말이야.)

Dave

You're right. There is already one behind you.
(네 말이 맞아. 이미 한 마리가 네 뒤에 있거든.)

Ken

A 전치사 1

1 전치사의 쓰임

1) 전치사의 의미: 전치사는 명사나 대명사 앞에 쓰여 장소, 시간, 방법 등을 나타내는 말이다.

The penguin is walking **on** the ice.

Roses bloom **in** early summer.

2) 전치사의 목적어: 전치사 뒤에 오는 말을 전치사의 목적어라고 하며, 대명사가 전치사의 목적어일 경우 목적격으로 쓴다.

Please stay *with* **me**.

2 장소를 나타내는 전치사

at: (비교적 좁은 장소나 지점)에	**in**: (도시/국가/공간) 안에	**on**: (표면) 위에
He arrived **at** school.	A cat is playing **in** a box.	There are toys **on** the floor.
over: (표면과 떨어진) 위에	**between A and B**: A와 B 사이에	**under**: ··· 아래에
Jim kicked the ball **over** the roof.	Dad is standing **between** Mom **and** me.	A pair of slippers is **under** the desk.
in front of: ··· 앞에 **behind**: ··· 뒤에	**near**: ··· 근처에	**next to**: ··· 옆에
Sally Adam Mina Sally is **in front of** Adam. Mina is **behind** Adam.	My house is **near** the school.	The library is **next to** the park.

A 다음 괄호 안에서 알맞은 말을 고르시오.

1 Who wasn't (in / at) home?

2 Max sat next to (I / me).

3 The man lives (in / on) Paris.

4 We will meet her (on / in front of) the café.

5 There were lots of gifts (over / under) the Christmas tree.

WORDS

A
gift 명 선물

B 다음 우리말과 일치하도록 빈칸에 알맞은 전치사를 쓰시오.

1 그 개 근처에 가지 마.

   → Don't go _____ the dog.

2 벽에 거울이 있다.

   → There is a mirror _____ the wall.

3 그 아이는 엄마 뒤에 숨어 있다.

   → The child is hiding _____ her mom.

4 도둑은 울타리 위를 뛰어넘었다.

   → The thief jumped _____ the fence.

B
mirror 명 거울
wall 명 벽
hide 동 숨다
thief 명 도둑
fence 명 울타리

C 다음 그림을 보고, 빈칸에 알맞은 전치사를 쓰시오.

1

(1) A dog is _____ _____ a ball.

(2) A tree is _____ the dog.

2

(1) The girl and the boy are sitting _____ the bench.

(2) A cat is _____ the girl _____ the boy.

B 전치사 2

1 시간을 나타내는 전치사

1) in, at, on

in	(오전/오후, 월, 계절, 연도)에	**in** the morning / evening **in** April / June / August **in** summer / fall **in** 2025 / the 2010s
at	(구체적인 시각, 하루의 때)에	**at** 4:40 / 10 o'clock / 2 p.m. **at** noon / night / lunchtime / midnight
on	(날짜, 요일, 특정한 날)에	**on** March 11 / Friday **on** New Year's Day / weekends

There is a pumpkin festival **in** autumn.
The museum opens **at** 9:30.
He will be back **on** Tuesday.

2) before, after, for, during

before	⋯ 전에	Sue washes her hands **before** meals.
after	⋯ 후에	Spring comes **after** winter.
for during	⋯ 동안	I'm going to stay here **for** two days. Andy fell asleep **during** the movie.

> **TIPS**
>
> for vs. during
> for 뒤에는 숫자를 포함한 구체적인 기간이 오고, during 뒤에는 특정한 때를 나타내는 명사가 온다.
> *for* **a week / two hours / one year**
> *during* **the vacation / the holidays / the rain**

2 그 외 주요 전치사

about	⋯에 관해	They're talking **about** a new house.
for	⋯를 위해 ⋯에 대해	Dad often cooks **for** the family. I thanked my parents **for** the gift.
from	⋯로부터	Jim is **from** England.
by	⋯로 (수단, 방법)	I will pay for the clothes **by** credit card. We traveled around the island **by** bike.
with	⋯와 함께 ⋯를 가지고[⋯로]	She went to China **with** her friends. They are drawing lines **with** crayons.

Check-Up

A 다음 괄호 안에서 알맞은 말을 고르시오.

1 The concert begins (at / on) 5 p.m.

2 She went to the park (by / with) subway.

3 Finish your homework (with / before) lunchtime.

4 There are lots of outdoor parties (in / on) summer.

5 He stayed at home (for / during) the heavy rain.

WORDS

A
finish 동 끝내다
outdoor 형 야외의
heavy rain 폭우

B 다음 우리말과 일치하도록 빈칸에 알맞은 전치사를 쓰시오.

1 그 강연은 건강에 관한 것이다.

→ The lecture is _____ health.

2 우리는 회의 후에 휴식을 취했다.

→ We took a break _____ the meeting.

3 나는 내 여자친구를 위해 약간의 꽃을 샀다.

→ I bought some flowers _____ my girlfriend.

B
lecture 명 강의, 강연
take a break 휴식을 취하다

C 다음 빈칸에 들어갈 말을 보기 에서 골라 쓰시오.

보기 from   during   for   at   with

1 I heard a funny story _____ Max.

2 She came home _____ midnight.

3 He is cutting paper _____ scissors.

4 Sarah traveled around the USA _____ three weeks.

C
midnight 명 자정, 한밤중
scissor 명 《pl.》 가위

D 괄호 안의 말과 알맞은 전치사를 이용하여 다음 대화를 완성하시오.

1 A: When did the artist make the statue?

B: She made it _____ _____. (1940)

2 A: Does Nate live alone?

B: No. He lives _____ _____ _____. (his family)

3 A: What are you going to do _____ _____? (Sunday)

B: I'm going to have dinner with my friend.

D
artist 명 예술가
statue 명 조각상
alone 부 혼자

1 다음 밑줄 친 부분을 바르게 고치시오.

(1) He will get off <u>on</u> the next station.　　→ _____

(2) We study math together <u>in</u> Fridays.　　→ _____

(3) Will you go to Busan <u>with</u> train?　　→ _____

(4) The car accident happened <u>on</u> 2010.　→ _____

2 다음 빈칸에 공통으로 들어갈 전치사를 쓰시오.

- There are many stars _____ the universe.
- My brother wakes up early _____ the morning.

3 다음 밑줄 친 부분 중 의미가 나머지 넷과 <u>다른</u> 것은?

① Jane built a house <u>for</u> him.

② He is exercising <u>for</u> his health.

③ I bought a new scarf <u>for</u> Mom.

④ The passengers waited <u>for</u> three hours.

⑤ George played the accordion <u>for</u> his grandparents.

4 다음 밑줄 친 부분이 의미상 <u>어색한</u> 것은?

① I went to the beach <u>during</u> the holiday.

② Birds are flying <u>over</u> the trees.

③ The building is <u>under</u> the street.

④ There is a door <u>behind</u> the curtain.

⑤ She is drinking some milk <u>in</u> the kitchen.

5 다음 우리말과 일치하도록 괄호 안의 말을 이용하여 문장을 완성하시오.

(1) 네 앞에 계단이 있다. (stairs, front)

　→ There are _____ _____ _____
　　you.

(2) 도시와 섬 사이에 다리가 있다. (between)

　→ There is a bridge _____ the city _____ the island.

WORDS

1
get off …에서 내리다
station 몡 (기차)역

2
universe 몡 우주

3
passenger 몡 승객
grandparent 몡 《pl.》 조부모

4
holiday 몡 휴가
curtain 몡 커튼

5
stair 몡 《pl.》 계단
bridge 몡 다리
island 몡 섬

A 다음 그림을 보고, 보기 의 전치사와 괄호 안의 말을 이용하여 문장을 완성하시오.

보기   in   behind   on   next to   under

1 The pumpkins are _____. (the table)

2 There is candy _____. (a basket)

3 A witch is standing _____. (Dracula)

4 A Halloween sign is hanging _____. (the wall)

B 주영이가 일요일에 한 일을 나타낸 다음 그림을 보고, 보기 와 괄호 안의 말을 이용하여 문장을 완성하시오.

8:30 a.m.   12 p.m.   4-5 p.m.   7 p.m.

보기   for   on   before   with   in   at

1 He went jogging _____. (the morning)

2 He took a nap _____. (noon)

3 He cleaned the house with his father _____. (an hour)

4 He washed the dishes _____. (his sister)

There are many interesting markets **in** the world. The *floating market **in** Bangkok is one **of** them. **In** this market, all **of** the boats **on** the water are shops! People sell meat, fish, fruit, and vegetables **on** their boats. Shoppers look around and buy food **from** the sellers. The market began ___(A)___ the 1800s. It was an important place **for** local people. Now it is very popular with tourists. The market opens **at** 3 a.m. and closes **at** 11 a.m. You should come here ___(B)___ a special experience!

*floating market 수상 시장

1 방콕의 수상 시장에 관한 설명 중 위 글의 내용과 일치하는 것은?

① 시장은 해변에서 열린다.

② 상인들은 농작물만 판매한다.

③ 최근에 문을 열었다.

④ 여행객에게 잘 알려진 관광지이다.

⑤ 오후 3시부터 이용할 수 있다.

(!) 서술형

2 위 글의 (A)와 (B)에 들어갈 말로 알맞은 것을 쓰시오.

(A) _____ (B) _____

WORDS · interesting 형 흥미로운 · market 명 시장 · sell 동 ¹_____ · meat 명 고기 · shopper 명 쇼핑객 · look around 둘러보다 · seller 명 판매자 · local 형 지역의, 현지의 · be popular with …에게 인기 있다 · tourist 명 관광객 · special 형 특별한 · experience 명 ²_____

A 칭찬하고 답하기

> A: Dad, I drew your face.
> (아빠, 제가 아빠 얼굴을 그렸어요.)
>
> B: Let me see. ... **You did a good job!**
> (어디 보자. ... 잘했구나!)
>
> A: **Thank you.**
> (고맙습니다.)

'잘했어!'의 의미로 상대방을 칭찬할 때는 '(You did a) Good job!', 'Well done!', 'Excellent!'
등으로 말할 수 있다. 상대방의 칭찬에 답할 때는 'Thank you.'나 'Thanks (a lot).'라고 말한다.

➕ EXPRESSION PLUS

A: I won a gold medal! (나는 금메달을 땄어!)
B: **Well done! / Excellent!** (잘했어!)
A: **Thanks.** (고마워.)

A: Your new hairstyle is awesome. (네 새로운 머리 모양이 아주 멋지다.)
B: **Thanks a lot.** (정말 고마워.)

Check-Up

1 다음 대화의 빈칸에 들어갈 말로 알맞은 것을 <u>모두</u> 고르시오.

> A: I baked cookies for you.
> B: They look delicious! _____
> A: Thank you.

① Excellent.   ② My pleasure.
③ Well done.   ④ Help yourself.
⑤ You're welcome.

2 밑줄 친 ①~⑤ 중 대화의 흐름과 어울리지 <u>않는</u> 것은?

> A: You look happy. ① <u>What's up?</u>
> B: ② <u>I got an A on the test.</u>
> A: ③ <u>Well done!</u> ④ <u>Thanks a lot.</u>
> B: ⑤ <u>Thank you.</u>

WORDS

1
pleasure 명 기쁨
help yourself 마음껏 드세요

B 유감이나 동정 표현하기

A: What's the matter? (무슨 일이니?)
B: I have a bad cold. (나는 심한 감기에 걸렸어.)
A: **That's too bad.** (그것참 안됐구나.)

상대방의 안타까운 상황에 대해 '그것참 안됐구나.'라고 말할 때는 'That's too bad.' 'That's a pity.' 'What a pity!'라고 표현할 수 있다.

⊕ EXPRESSION PLUS

A: I lost my wallet. (나는 지갑을 잃어버렸어.)
B: **That's a pity.** (그것참 안됐구나.)

A: I failed the test. (나는 시험에서 떨어졌어.)
B: **I'm sorry to hear that.** (그 말을 들으니 유감이야.)

A: I dropped my phone and it doesn't work now. (나는 내 전화기를 떨어뜨렸고 지금 그건 작동하지를 않아.)
B: **What a pity!** (참 안됐다!)

Check-Up

1   다음 대화의 밑줄 친 문장과 바꿀 수 있는 것을 <u>모두</u> 고르시오.

A: I left my umbrella on the bus.
B: <u>That's a pity.</u>

① Good for you!
② What a pity!
③ That's great!
④ You're welcome.
⑤ That's too bad.

WORDS

1
leave 동 떠나다; *…를 두고 오다
(leave-left)

2   다음 대화의 빈칸에 들어갈 말로 알맞지 <u>않은</u> 것은?

A: I made breakfast for you.
B: Really? _____

① Thank you!
② Excellent!
③ I'm sorry to hear that.
④ Well done!
⑤ You did a good job!

1 다음 빈칸에 들어갈 단어로 가장 알맞은 것은?

breakfast : meal = _____ : job

① gift   ② statue   ③ bridge
④ fence   ⑤ artist

2 다음 우리말과 일치하도록 빈칸에 알맞은 말을 쓰시오.

이 집은 야외 수영장이 있다.

→ This house has a(n) _____ swimming pool.

3 다음 대화의 빈칸에 들어갈 말로 알맞지 <u>않은</u> 것은?

A: Jane's camera is broken.
B: _____

① What a pity!
② That's a pity.
③ No problem.
④ That's too bad.
⑤ I'm sorry to hear that.

4 다음 문장이 들어갈 위치로 가장 알맞은 곳은?

That's a pity.

A: Did Cindy come to school? ①
B: ② No. ③ She has a stomachache.
A: ④ Let's visit her tomorrow.
B: ⑤ Sounds good!

5 다음 중 짝지어진 대화가 <u>어색한</u> 것은?

① A: Your uniform is great!
　 B: Thank you.
② A: I did well on this exam.
　 B: Excellent!
③ A: I scored a goal in the game!
　 B: I'm sorry to hear that.
④ A: I made this soup for Mom.
　 B: Well done!
⑤ A: I won the speech contest.
　 B: You did a good job!

[6-7] 다음 우리말과 일치하도록 빈칸에 들어갈 알맞은 말을 고르시오.

6　내 사촌은 우리 집 근처에 산다.
　　 → My cousin lives _____ my house.

① at   ② in   ③ on
④ near   ⑤ next to

7　나는 30분 동안 공원에서 달렸다.
　　 → I ran in the park _____ 30 minutes.

① at   ② of   ③ on
④ for   ⑤ before

8 다음 빈칸에 들어갈 말로 알맞지 <u>않은</u> 것은?

He always plays the violin at _____.

① noon   ② home   ③ 2 p.m.
④ Monday   ⑤ school

[9-10] 다음 빈칸에 들어갈 말로 알맞은 것을 고르시오.

9   Leaves turn yellow _____ fall.

    ① in   ② on   ③ at
    ④ over   ⑤ about

10   I'm going to have a birthday party _____ July 5.

    ① in   ② on   ③ at
    ④ for   ⑤ near

(!) 자주 나와요

11 다음 빈칸 ⓐ와 ⓑ에 들어갈 말이 바르게 짝지어진 것은?

    • I moved to the town _____ⓐ_____ 2017.
    • The bear is lying _____ⓑ_____ the rock.

       ⓐ   ⓑ   ⓐ   ⓑ
  ① on – at   ② in – on
  ③ in – in   ④ at – in
  ⑤ at – on

(!) 서술형

[12-13] 다음 빈칸에 공통으로 들어갈 말을 쓰시오.

12   • My parents are _____ Italy.
    • The sofa _____ the living room is brown.

13   • My dad goes to work _____ car.
    • She sent some pictures _____ email.

(!) 서술형

[14-15] 다음 두 문장이 같은 뜻이 되도록 빈칸에 알맞은 말을 쓰시오.

14   The table is in front of the TV.

    → The TV is _____ the table.

15   I have English class before lunch.

    → I have lunch _____ English class.

16 다음 밑줄 친 부분 중 의미가 나머지 넷과 다른 것은?

    ① Sam eats pizza with a fork.
    ② I cut the bread with a knife.
    ③ They hit the ball with their bats.
    ④ I cleaned the bathroom with my brother.
    ⑤ He was drawing pictures with a pencil.

(!) 어려워요

17 다음 밑줄 친 부분 중 어법상 바르지 못한 것은?

    Today, I visited the history museum ① with my friends ② over school. We learned a lot ③ about the Korean War. We had dinner ④ at a Chinese restaurant ⑤ near the museum. The food there was great.

18 다음 중 어법상 바르지 <u>못한</u> 것은?

① My family picture is on the wall.
② There are 20 rooms in the hotel.
③ The rainbow is over the horizon.
④ Dan parked his car in front of the building.
⑤ The shop is between the bank or the hospital.

19 다음 우리말을 영어로 바르게 옮긴 것은?

우리는 3시간 동안 영어로 이야기했다.

① We spoke English in three hours.
② We spoke English at three hours.
③ We spoke English on three hours.
④ We spoke English for three hours.
⑤ We spoke English during three hours.

(!) 서술형

[20-21] 다음 우리말과 일치하도록 괄호 안의 말을 이용하여 문장을 완성하시오.

20 많은 사람들이 5월에 여행을 간다. (travel, May)

→ Many people _____ _____
_____.

21 폭풍우는 밤에 시작되었다. (begin, night)

→ The rainstorm _____ _____
_____.

[22-23] 다음 그림과 일치하도록 주어진 문장을 바르게 고쳐 쓰시오.

22

Ivy is sitting on the tree.
→ Ivy is sitting _____
_____.

23

Leo is standing next to the bookshelf.
→ Leo is standing _____
_____.

[24-25] 다음 TV 프로그램 편성표를 보고, 질문에 대한 대답을 작성하시오.

TV Shows	Time
Documentary	5-8 p.m.
Comedy Show	8-9 p.m.
Movie	9-11 p.m.

24 A: When does the comedy show end?
B: _____

25 A: How long does the movie run?
B: _____

WORD LIST

✓ Grammar

☐ bloom	동 꽃을 피우다
☐ gift	명 선물
☐ wall	명 벽
☐ hide	동 숨다
☐ thief	명 도둑
☐ fence	명 울타리
☐ meal	명 식사
☐ finish	동 끝내다
☐ outdoor	형 야외의
☐ lecture	명 강의, 강연
☐ take a break	휴식을 취하다
☐ midnight	명 자정, 한밤중
☐ artist	명 예술가
☐ statue	명 조각상
☐ get off	…에서 내리다
☐ station	명 (기차)역
☐ universe	명 우주
☐ passenger	명 승객
☐ holiday	명 휴가
☐ curtain	명 커튼
☐ stair	명 《pl.》 계단
☐ bridge	명 다리
☐ island	명 섬

✓ Reading

☐ interesting	형 흥미로운
☐ market	명 시장
☐ sell	동 팔다
☐ meat	명 고기
☐ shopper	명 쇼핑객
☐ look around	둘러보다
☐ seller	명 판매자

☐ tourist	명 관광객
☐ experience	명 경험

✓ Communication

☐ awesome	형 엄청난, 굉장한
☐ pleasure	명 기쁨
☐ bad	형 나쁜; 심한
☐ cold	명 감기
☐ fail	동 실패하다; (시험에) 떨어지다
☐ leave	동 떠나다; …를 두고 오다 (leave-left)

✓ Final Test

☐ stomachache	명 복통
☐ uniform	명 제복, 유니폼
☐ speech	명 연설
☐ fall	명 가을
☐ lie	동 누워 있다
☐ rock	명 바위
☐ bat	명 방망이
☐ museum	명 박물관
☐ rainbow	명 무지개
☐ horizon	명 수평선, 지평선
☐ rainstorm	명 폭풍우
☐ bookshelf	명 책장
☐ run	동 달리다; (얼마의 기간 동안) 계속되다

MEMO

MEMO

MEMO

MEMO

MEMO

지은이

NE능률 영어교육연구소

NE능률 영어교육연구소는 혁신적이며 효율적인 영어 교재를 개발하고
영어 학습의 질을 한 단계 높이고자 노력하는 NE능률의 연구조직입니다.

능률중학영어 〈예비중〉

펴 낸 이   주민홍
펴 낸 곳   서울특별시 마포구 월드컵북로 396(상암동) 누리꿈스퀘어 비즈니스타워 10층
          ㈜NE능률 (우편번호 03925)
펴 낸 날   2019년 1월 5일 개정판 제1쇄 발행
          2023년 11월 15일 제14쇄
전   화   02 2014 7114
팩   스   02 3142 0356
홈 페 이 지   www.neungyule.com
등 록 번 호   제1-68호
I S B N   979-11-253-2448-5 53740
정   가   11,000원

NE 능률

고객센터

교재 내용 문의 : contact.nebooks.co.kr (별도의 가입 절차 없이 작성 가능)
제품 구매, 교환, 불량, 반품 문의 : 02-2014-7114
☎ 전화문의는 본사 업무시간 중에만 가능합니다.

NE능률 교재 MAP

문법
구문

아래 교재 MAP을 참고하여 본인의 현재 혹은 목표 수준에 따라 교재를 선택하세요.
NE능률 교재들과 함께 영어실력을 쑥쑥~ 올려보세요!
MP3 등 교재 부가 학습 서비스 및 자세한 교재 정보는 www.nebooks.co.kr 에서 확인하세요.

초1-2	초3	초3-4	초4-5	초5-6
	그래머버디 1	그래머버디 2	그래머버디 3	Grammar Bean 3
	초등영어 문법이 된다 Starter 1	초등영어 문법이 된다 Starter 2	Grammar Bean 1	Grammar Bean 4
		초등 Grammar Inside 1	Grammar Bean 2	초등영어 문법이 된다 2
		초등 Grammar Inside 2	초등영어 문법이 된다 1	초등 Grammar Inside 5
			초등 Grammar Inside 3	초등 Grammar Inside 6
			초등 Grammar Inside 4	

초6-예비중	중1	중1-2	중2-3	중3
능률중학영어 예비중	능률중학영어 중1	능률중학영어 중2	Grammar Zone 기초편	능률중학영어 중3
Grammar Inside Starter	Grammar Zone 입문편	1316 Grammar 2	Grammar Zone 워크북 기초편	문제로 마스터하는 중학영문법 3
원리를 더한 영문법 STARTER	Grammar Zone 워크북 입문편	문제로 마스터하는 중학영문법 2	1316 Grammar 3	Grammar Inside 3
	1316 Grammar 1	Grammar Inside 2	원리를 더한 영문법 2	열중 16강 문법 3
	문제로 마스터하는 중학영문법 1	열중 16강 문법 2	중학영문법 총정리 모의고사 2	중학영문법 총정리 모의고사 3
	Grammar Inside 1	원리를 더한 영문법 1	쓰기로 마스터하는 중학서술형 2학년	쓰기로 마스터하는 중학서술형 3학년
	열중 16강 문법 1	중학영문법 총정리 모의고사 1	중학 천문장 3	
	쓰기로 마스터하는 중학서술형 1학년	중학 천문장 2		
	중학 천문장 1			

예비고–고1	고1	고1-2	고2-3	고3
문제로 마스터하는 고등영문법	Grammar Zone 기본편 1	필히 통하는 고등 영문법 실력편	Grammar Zone 종합편	
올클 수능 어법 start	Grammar Zone 워크북 기본편 1	필히 통하는 고등 서술형 실전편	Grammar Zone 워크북 종합편	
천문장 입문	Grammar Zone 기본편 2	TEPS BY STEP G+R Basic	올클 수능 어법 완성	
	Grammar Zone 워크북 기본편 2		천문장 완성	
	필히 통하는 고등 영문법 기본편			
	필히 통하는 고등 서술형 기본편			
	천문장 기본			

수능 이상/ 토플 80·89· 텝스 600-699점	수능 이상/ 토플 90-99· 텝스 700-799점	수능 이상/ 토플 100· 텝스 800점 이상		
TEPS BY STEP G+R 1	TEPS BY STEP G+R 2	TEPS BY STEP G+R 3		

중학 내신 완벽 대비 종합서

예비중

능률 중학 영어

정답 및 해설

NE 능률

중학 내신 완벽 대비 종합서

늘품 중학 영어

예비중

정답 및 해설

📍 CHAPTER 01 명사와 대명사

GRAMMAR FOCUS ···················· p. 10

A 명사

1 1) Mike는 연필 한 자루가 필요하다.
  나는 바나나 한 개와 오렌지 두 개를 가지고 있다.
  2) 나는 우유를 좋아한다.
  Lisa는 치즈를 먹는다.

| Check-Up | ···················· p. 11

A **1** doll, umbrella, computer
  2 juice, water, peace, time
B **1** ants **2** parties **3** pencils **4** sheep
  5 boxes **6** books **7** teeth **8** girls
  9 lives **10** men
C **1** an artist **2** mice **3** photos **4** Sugar
  5 ladies
D **1** children **2** a[one], pen

GRAMMAR FOCUS ···················· p. 12

B 대명사

1 Sally는 착한 소녀이다. 그녀는 친절하다.
  저는 저의 열쇠를 찾을 수 없어요. 저를 도와주세요.
  그것은 그의 책이다. 네 것은 탁자 위에 있다.

2 1) 이것은 그의 공책이다.
    이것들은 나의 개이다.
  2) 저 사람은 그녀의 친구이다.
    저것들은 그녀의 반지이다.

3 9시다.
  금요일이다.
  화창하고 따뜻하다.

| Check-Up | ···················· p. 13

A **1** He **2** your **3** us **4** It **5** mine **6** These
B **1** them **2** yours **3** his
C **1** it **2** Her **3** They
D **1** This[It] **2** It **3** her **4** Those

Grammar Test ···················· p. 14

1 ③ **2** (1) his (2) hers (3) mine **3** ③ **4** ② **5** Ten, students

---

문제해설

1 ① leaves ② geese ④ tomatoes ⑤ babies

3 a rabbit을 대신하는 인칭대명사는 It이므로, 명사 ears 앞에 It의 소유격 Its가 와야 한다.

4 ② 시간을 나타낼 때는 비인칭 주어 It을 쓴다.

WRITING WITH GRAMMAR ···················· p. 15

A **1** four, strawberries **2** five, potatoes
  3 an[one], apple **4** two, knives
B **1** These, mine **2** That, hers

문제해설

B **1** 가까이 있는 복수형 대상을 가리키므로 These를 쓰고, '나의 것'은 소유대명사 mine을 써서 나타낸다.

  2 멀리 있는 단수형 대상을 가리키므로 That을 쓰고, '그녀의 것'은 소유대명사 hers를 써서 나타낸다.

READING WITH GRAMMAR ···················· p. 16

1 ⑤ **2** ⑤
Words | ¹유명한 ²즐기다

해석 | Sara: 와! 나는 믿을 수가 없어. 우리가 유명한 축구 경기장에 있다니.
Justin: 그래, 맞아. 이곳은 정말 커! 그리고 사람들이 많아.
Sara: 봐! 그는 내가 정말 좋아하는 축구 선수야. 그의 이름은 Derrad야.
Justin: 나도 그를 좋아해. 그는 그 팀의 주장이야.
Sara: 그는 정말 빠르고 강해. 그리고 발이 커.
Justin: 맞아. 그리고 그의 축구화는 멋있어.
Sara: 그 신발은 멋져 보인다! 나는 그것들(그 신발)이 정말 마음에 들어.
Justin: 나는 신이 나!
Sara: 나도 그래. 경기를 즐기자!

구문해설

2행 **It** is really big!
  ▶ It은 앞에서 말한 a famous soccer stadium을 가리킨다.

2행 And **there are** many people.
  ▶ 뒤에 오는 명사(many people)가 복수이므로 there 뒤에 be동사 are를 썼다.

9행 **Let's enjoy** the game!
  ▶ Let's+동사원형: …하자

문제해설

1 ⑤ 두 사람은 경기를 볼 예정이다.

2 ⑤ 앞에 나온 복수명사 his soccer shoes를 지칭하면서, 목적

격이어야 하므로 them이 되어야 한다.

COMMUNICATION

pp. 17~18

A 안부 묻고 답하기

Check-Up | 1 ② 　 2 ③

문제해설

1 A: 안녕. 어떻게 지내? / B: _____
▶ ② 안부를 묻는 말에 고맙다고 대답하는 것은 적절하지 않다.

2 ①, ②, ④, ⑤는 상대방의 안부를 묻는 표현이고, ③은 나이를 묻는 표현이다.

B 소개하기와 답하기

Check-Up | 1 ② 　 2 this, is, Glad[Nice/Happy], to, meet, you

문제해설

1 A: 내 소개를 할게. _____
B: 만나서 반가워!
① 이 사람은 Kelly야. 　 ② 내 이름은 Kelly야.
③ Kelly는 7살이야. 　 ④ 만나서 반가워, Kelly.
⑤ 그녀는 내 여동생 Kelly야.

2 A: Jerry, 이쪽은 내 사촌 Joe야.
B: 안녕, Joe. 만나서 반가워.
C: 나도 만나서 반가워.

FINAL TEST

pp. 19~21

1 ② 2 ④ 3 ③, ⑤ 4 (A)→(C)→(B) 5 this, is 6 ⑤
7 ③ 8 ② 9 ④ 10 ③ 11 ④ 12 ① 13 ② 14 His
15 their 16 ④ 17 These are cows. 18 ⑤ 19 ④
20 These, two, buses 21 That, an[one], orange
22 Tim is his classmate. 23 It is very cold today.
24 Those are her letters.[That is her letter.] 25 The
farmer has two sheep. 26 Paul and Amy are our
children.

문제해설

1 ② believe는 '믿다'라는 뜻이다.

2 be afraid of는 '…을 두려워하다'라는 뜻이다.

3 A: _____
B: 아주 잘 지내. 너는?
▶ 아주 잘 지낸다고 대답하는 것으로 보아 빈칸에는 안부를 묻는 표현이 알맞다. ③은 그녀가 네 언니인지를 묻는 표현, ⑤는 상대방의 직업을 묻는 표현이다.

4 (A) 제 소개를 할게요. 제 이름은 Andrew예요.
(C) 만나서 반가워, Andrew. 나는 너의 새로운 코치란다.

(B) 저도 만나 뵙게 되어 반갑습니다.

5 A: 엄마, 이쪽은 Glen 선생님이에요.
B: 만나 뵙게 되어 반갑습니다.
C: 제가 정말 아끼는 학생의 어머님을 뵙게 되어 좋네요.

6 ⑤ foot의 복수형은 feet이다.

7 ①, ②, ④, ⑤는 셀 수 있는 명사이고, ③은 셀 수 없는 명사이다.

8 ② 그것은 굉장한 생각이야!
▶ ① eagles ③ my boats ④ interesting stories ⑤ four tomatoes

9 유미와 나를 대신하는 주격 인칭대명사는 We(우리들)이다.

10 • Brown 씨는 우리 삼촌이야. 나는 그를 좋아해.
• 그것들은 나의 강아지들이다. 나는 그것들을 좋아한다.
▶ ⓐ에는 Mr. Brown의 목적격인 him이, ⓑ에는 my puppies의 목적격인 them이 알맞다.

11 • 이것은 내가 정말 좋아하는 향수이다. 나는 그것의 냄새를 좋아한다.
• 그것은 Henry의 넥타이이다. 이 양말들도 그의 것이다.
▶ ⓐ에는 my favorite perfume의 소유격인 its가, ⓑ에는 Henry의 소유대명사인 his가 알맞다.

12 ① Jason은 그녀를 돕는다.
② 나의 어머니는 바쁘시다.
③ 이것은 Mary의 바이올린이다.
④ 그것은 그의 배낭이다.
⑤ 우리의 교실은 작다.
▶ ①은 목적격, ②~⑤는 소유격 인칭대명사이다.

13 ① 토요일이다.
② 이것은 내 차다.
③ 7시이다.
④ 6월에는 비가 아주 많이 온다.
⑤ 바람이 많이 분다.
▶ ①은 요일, ③은 시간, ④와 ⑤는 날씨를 나타내는 비인칭 주어이고, ②는 my car를 가리키는 주격 인칭대명사이다.

14 이 사람은 나의 남동생이다. 그의 학교는 시청 근처에 있다.
▶ my brother를 대신하는 소유격 인칭대명사 His를 써야 한다.

15 Lauren과 Adam은 테니스 수업을 받는다. Serena가 그들의 선생님이다.
▶ Lauren과 Adam을 대신하는 소유격 인칭대명사 their를 써야 한다.

16 ① 나의 아버지는 중국 출신이다.
② 그들은 나의 사촌들이다.
③ Nancy는 그녀의 개를 사랑한다.
⑤ 우리는 영화에 늦는다.
▶ ④ 명사 hands 앞에는 소유격 His가 와야 한다. He's는 He is의 줄임말이다.

17 [보기] 저것은 열쇠다. → 저것들은 열쇠들이다.
이것은 소이다. → _____
▶ This의 복수형은 These, a cow의 복수형은 cows이다.

18 저 아이는 내 조카야. 그의 이름은 Julien이야. 그는 야구 선수야. 그는 귀여운 개가 있어. 그의 이름은 Will이야.
  ▶ ①~④는 Julien을 가리키고, ⑤는 Julien의 개 Will을 가리킨다.

19 ① 그것은 Chris의 자전거이다. 그것은 새거다.
  ② 이것은 그의 가방이다. 저것은 그녀의 것이다.
  ③ 책상 위에 있는 그 책은 내 것이다.
  ④ Roy는 고양이가 있다. 그것의 털은 노란색이다.
  ⑤ 너는 내 전화번호를 안다. 나도 네 것을 안다.
  ▶ ④ Its는 a cat의 소유격인 The cat's를 가리킨다.

20 보기 저것들은 토끼 세 마리이다.
  이것들은 버스 두 대이다.
  ▶ 가까이 있는 복수형 대상을 가리키므로 These를 쓰고, bus의 복수형 buses를 쓴다.

21 저것은 오렌지 한 개이다.
  ▶ 멀리 있는 단수형 대상을 가리키므로 That을 쓰고, orange는 모음으로 시작하므로 앞에 an을 쓰거나 하나를 나타내는 one을 쓴다.

22 → Tim은 그의 반 친구이다.
  ▶ 명사 classmate 앞에는 주격이 아닌 소유격 인칭대명사 his를 써야 한다.

23 → 오늘은 매우 춥다.
  ▶ 날씨를 나타낼 때는 비인칭 주어 it을 쓴다.

24 → 저것들은 그녀의 편지들이다.[저것은 그녀의 편지이다.]
  ▶ Those가 복수이므로 letter의 복수형인 letters를 쓰거나, her letter에 맞게 주어와 동사를 단수형으로 바꿔서 That is로 써야 한다.

25 → 그 농부는 양 두 마리를 가지고 있다.
  ▶ sheep은 단수와 복수의 형태가 같다.

26 '우리의'에 해당하는 인칭대명사는 our이고, child의 복수형은 children이다.

⦿ CHAPTER 02 동사 1

GRAMMAR FOCUS ·················· p. 24

A be동사의 쓰임과 형태 변화

1 나는 13살이다.
  Josh는 경찰이다.
  Chris와 Kelly는 풀밭 위에 있다.

2 나는 모델이다.
  그녀는 내 친구이다.
  우리는 거실에 있다.

A 1 is 2 are 3 is
B 1 I'm 2 They're 3 He's 4 We're
C 1 Is, there, a, singer
   2 Are, there, two, girls
D 1 There, are 2 There, is, not

GRAMMAR FOCUS ·················· p. 26

B be동사의 부정문과 의문문

1 1) 나는 선생님이 아니다. / 그들은 반 친구가 아니다.
  2) 나는 간호사가 아니다.
    당신은 완벽하지 않다.
    그는 바쁘지 않다.
    그들은 피곤하지 않다.

2 1) 그는 화가 났니? / 그들은 집에 있니?
  2) 당신은 Alice의 엄마인가요? – 네, 맞아요. / 아니요, 그렇지 않아요.
    그녀는 디자이너니? – 응, 맞아. / 아니, 그렇지 않아.
    그것은 너의 펜이니? – 응, 맞아. / 아니, 그렇지 않아.

A 1 isn't 2 aren't 3 Are, we
B 1 I'm not 2 It's not/It isn't
   3 She's not/She isn't
C 1 Is, he 2 Are, they
D 1 I, am 2 he, isn't/he's, not
   3 they, aren't/they're, not 4 she, is

Grammar Test   p. 28

1 ⑤ 2 (1) are (2) are (3) is 3 ② 4 ③ 5 There, are, parasols

문제해설

1 ⑤ am not은 amn't로 줄여 쓸 수 없다.

2 (1) 주어가 You이므로 be동사는 are를 쓴다.
  (2) 주어 Joe and Harry는 복수이므로 be동사는 are를 쓴다.
  (3) 뒤에 오는 명사(a towel)가 단수이므로 be동사는 is를 쓴다.

3 ② be동사가 are이므로 단수인 He는 주어로 올 수 없다.

4 ③ 의문문의 주어가 she이므로, 대답할 때도 she를 써야 한다.

5 뒤에 오는 명사(parasols)가 복수이므로 There are를 쓴다.

WRITING WITH GRAMMAR

p. 29

A 1 There, are, three, birds
  2 There, is, a[one], girl
  3 There, are, two, balls
  4 There, are, two, dogs
B 1 He is my friend. 2 Are they at the airport?
  3 We are not brothers.
  4 There is a computer on the desk.

문제해설

A [1-4] be동사 뒤에 단수명사가 오면 There is, 복수명사가 오면 There are를 쓴다.

READING WITH GRAMMAR

p. 30

1 ④ 2 (A) are (B) Are
Words | ¹시장 ²간식, 간단한 식사

해석 | 안녕하세요, 여러분. 저는 Johnson 시장입니다. 시민 문화 회관의 개관식에 오신 것을 환영합니다. 저희는 여러분을 이곳에 모시게 되어 기쁩니다. 여러분은 오늘 많은 행사를 즐기실 수 있습니다. 중학교 오케스트라가 여러분을 위해 곡을 연주할 것입니다. 그리고 여러분은 시민 문화 회관의 체육관에서 무료로 농구를 할 수 있습니다. 배가 고프십니까? 무료 간식과 음료가 많이 있습니다. 오늘 와주셔서 감사합니다. 여러분의 새 시민 문화 회관을 즐기세요!

구문해설

2행 You can enjoy **a lot of** events today.
  ▶ a lot of: 많은
6행 **Thank you for** coming today.
  ▶ thank you for: …에 대해 감사하다

문제해설

1 ④ 시민 문화 회관의 체육관에서 무료로 농구를 할 수 있다.
2 (A) 주어가 We이므로 be동사는 are가 적절하다.
  (B) 주어가 you인 be동사의 의문문이므로 Are를 써야 한다.

COMMUNICATION

pp. 31~32

A 기쁨·슬픔 표현하기

Check-Up | 1 ①   2 ⓑ, ⓒ, ⓓ

문제해설

1 A: 방과 후에 Mary를 위한 생일 파티가 있어. 올 수 있니?
  B: 아니, 나는 숙제가 있어.
  ▶ ① 숙제가 있어 파티에 못 가는 상황이므로 슬프다고 대답하는 것이 적절하다.
2 ⓐ는 '내가 옳아.', ⓔ는 '나는 심한 감기에 걸렸어.'라는 뜻으로, 감

정을 표현하는 말이 아니다.

B 관심 묻고 답하기

Check-Up | 1 (1) ⓑ (2) ⓒ (3) ⓐ   2 ③

문제해설

1 (1) 너는 무엇에 관심이 있니? ⓑ 나는 우주 과학에 관심이 있어.
  (2) 너는 운동에 관심이 있니? ⓒ 아니. 나는 운동에 관심이 없어.
  (3) 너는 개에게 관심이 있니? ⓐ 응. 난 그들을 아주 좋아해.
2 A: 너는 요리에 관심이 있니?
  B: _____
  ▶ ③ 요리에 관심이 있냐는 질문에, 자신이 요리사라고 대답하는 것은 알맞지 않다.

FINAL TEST

pp. 33~35

1 ② 2 am, late, for 3 ④, ⑤ 4 ⑤ 5 (B)→(C)→(A)
6 ② 7 ③ 8 ③ 9 ④ 10 ⑤ 11 ⑤ 12 Is, he, is
13 Are, they, aren't 14 ② 15 ③ 16 Is 17 are
18 ④ 19 ③ 20 ③ 21 ④ 22 Yes, it is. 23 No, he isn't[he is not/he's not]. 24 Is that Lily's eraser?
25 There are two birds in the cage.

문제해설

1 ② upset은 '속상한'이라는 뜻이다.
2 '…에 늦다'의 의미는 be late for로 표현한다.
3 A: 이것은 너를 위한 선물이야.
  B: 고마워. _____
  ① 나는 기뻐.
  ② 나는 기분이 좋아.
  ③ 나는 정말 행복해.
  ④ 나는 너무 속상해.
  ⑤ 그 말을 들으니 유감이야.
  ▶ 고맙다는 말에 이어 ④ '나는 너무 속상해.'라고 말하거나 ⑤ '그 말을 들으니 유감이야.'라고 말하는 것은 부자연스럽다.
4 A: John! 우리가 테니스 경기의 우승자야!
  B: _____
  ① 나는 너무 슬퍼.
  ② 나는 기쁘지 않아.
  ③ 나는 지금 속상해.
  ④ 나는 테니스 선수야.
  ⑤ 나는 정말 기뻐.
  ▶ 테니스 경기에 이겼다는 말에 대한 대답으로 ⑤ '나는 정말 기뻐.'가 적절하다.
5 너는 무엇에 관심이 있니, Yumi?
  (B) 나는 역사에 관심이 있어.
  (C) 그러면 너는 한국사에 관심이 있니?
  (A) 응, 맞아.
8 ⓐ 뒤에는 단수명사 a cup이 오므로 There is를, ⓑ 뒤에는 복

수명사 trees가 오므로 There are를 쓴다.

9 • A: 너는 교실에 있니?/ B: 아니, 그렇지 않아.
  • A: 너희들은 영국 출신이니? / B: 응, 맞아.
  ▶ 첫 번째 빈칸에는 2인칭 단수 주어 you가, 두 번째 빈칸에는 2인칭 복수 주어 you가 와야 한다.

10 A: Edward와 Dean은 형제니? / B: _____
  ▶ 주어 Edward and Dean은 3인칭 복수이므로, Yes, they are. 또는 No, they aren't.로 대답할 수 있다.

11 A: 주차장에 많은 차들이 있니? / B: _____
  ▶ 「Are there ...?」에 대한 긍정 대답은 Yes, there are., 부정 대답은 No, there aren't.로 한다.

14 ① 그것은 그녀의 사물함이다.
  ② 그들은 나의 가족이다.
  ③ 이것은 그의 시계가 아니다.
  ④ 그녀는 일곱 살이다.
  ⑤ 우리 아버지는 매일 바쁘다.
  ▶ 빈칸에는 be동사가 쓰여야 하는데, ①, ③, ④, ⑤의 주어는 3인칭 단수이므로 is를, ②의 주어는 3인칭 복수이므로 are를 쓴다.

15 보기 나는 영어 교사이다.
  ① 그들은 배우이다.
  ② 그것은 양이다.
  ③ 그는 도서관에 있다.
  ④ 그녀는 아나운서이다.
  ⑤ 우리는 가장 친한 친구이다.
  ▶ 보기와 ①, ②, ④, ⑤는 '…이다', ③은 '(…에) 있다'의 의미이다.

16 주어 Carl은 3인칭 단수이므로 be동사는 Is를 써야 한다.

17 복수명사 bears가 뒤따르므로 be동사는 are를 써야 한다.

18 ① 그것은 재미있는 영화가 아니다.
  ② 그는 시험 볼 준비가 되었니?
  ③ 벽에 시계가 있니?
  ⑤ 수영장에 사람들이 없다.
  ▶ ④ 주어 Mr. Heinz는 3인칭 단수이므로 be동사는 Is를 써야 한다.

19 ① A: 내가 맞지?
    B: 응, 맞아.
  ② A: 그녀는 스위스에 있니?
    B: 아니, 그렇지 않아.
  ④ A: 당신들은 훌륭한 댄서인가요?
    B: 네, 맞아요.
  ⑤ A: Simpson 씨가 네 삼촌이니?
    B: 아니, 그렇지 않아.
  ▶ ③ 주어 your hobby가 3인칭 단수이므로 Yes, it is.라고 대답해야 한다.

20 주어 Daniel은 3인칭 단수이므로 be동사 Is를 써서 의문문을 만든다.

21 A: 봐! 저 애들은 Jenny의 아이들이야.
  B: 그들은 초등학생이니?
  A: 아니, 그렇지 않아. 그들은 중학생이야.
  ▶ ④ not은 be동사 뒤에 와야 한다.

22 A: Phoenix가 Jane의 고향이니? / B: _____
  ▶ Phoenix가 Jane의 고향이므로 Yes, it is.라고 대답한다.

23 A: Nick은 19살이니? / B: _____
  ▶ Nick은 19살이 아니므로 No, he isn't[he is not/he's not].라고 대답한다.

25 '…이[가] 있다'는 뜻을 가진 「There is/are + 명사」 구문을 쓰며 복수명사가 쓰였으므로 be동사는 are로 쓴다.

CHAPTER 03 동사 2

GRAMMAR FOCUS p. 38

A 일반동사의 현재형

2 1) 나는 여가 시간에 피아노를 친다.
    너는 아름다운 눈을 가졌다.
    우리는 영어를 매우 잘 말한다.
    그들은 매주 토요일에 조부모님을 찾아뵙는다.
    달팽이는 매우 느리게 움직인다.

  2) 그 개가 나를 향해 짖는다.
    그는 밤늦게 TV를 본다.
    Sarah는 항상 최선을 다한다.
    새가 하늘 높이 난다.
    Linda는 많은 책을 가지고 있다.

| Check-Up | p. 39

A 1 likes 2 goes 3 misses 4 mixes
  5 knows 6 tries 7 enjoys 8 catches
B 1 wears 2 have 3 lives 4 worries 5 like
C 1 swims 2 cries 3 washes 4 studies
  5 has
D 1 need 2 drink 3 teaches 4 works

GRAMMAR FOCUS p. 40

B 일반동사의 부정문과 의문문

1 1) 나는 은행에서 일하지 않는다.
    Nick은 야구를 하지 않는다.
  2) 너는 나를 이해하지 못한다.
    우리는 자전거를 타지 않는다.
    그녀는 브로콜리를 좋아하지 않는다.

2 1) 그들이 재미있어하니?

그는 커피를 원하니?

2) 너는 나를 믿니? – 응, 그래. / 아니, 그렇지 않아.

그들은 만화를 좋아하니? – 응, 그래. / 아니, 그렇지 않아.

그는 요리를 잘하니? – 응, 그래. / 아니, 그렇지 않아.

그녀는 빨리 먹니? – 응, 그래. / 아니, 그렇지 않아.

| Check-Up | .... p. 41

A 1 don't 2 doesn't 3 Do 4 like

B 1 doesn't, live 2 don't, eat

3 Does, she, have 4 Do, they, grow

C 1 ⓒ 2 ⓑ 3 ⓐ

D 1 Do, sleep, No, don't 2 Does, play, Yes, does

Grammar Test   p. 42

1 (1) try (2) don't[do not] talk (3) brushes 2 ⑤

3 ④, ⑤ 4 do 5 Does, read, magazines, she, doesn't

문제해설

1 (1) 주어가 복수명사인 girls이므로 동사원형을 써야 한다.

(2) 주어가 We이므로 부정문은 「don't[do not]+동사원형」으로 써야 한다.

(3) 주어가 3인칭 단수이므로 동사는 일반동사의 3인칭 단수형인 brushes를 써야 한다.

2 동사 goes가 3인칭 단수형이므로 복수인 ⑤는 주어로 쓸 수 없다.

3 ① 나는 두 명의 딸이 있다.

② Nate는 새 코트를 좋아한다.

③ Anthony와 Bob은 탄산음료를 마신다.

▶ ④ 주어가 3인칭 단수일 때 일반동사의 부정문은 「주어+does not[doesn't]+동사원형 …」의 형태로 쓰므로 do는 does로 써야 한다.

⑤ 주어가 3인칭 단수일 때 의문문은 「Does+주어+동사원형 …?」의 형태로 쓰므로 wears는 wear로 써야 한다.

4 주어가 1인칭일 때 부정문은 「I do not+동사원형 …」, 주어가 2인칭일 때 의문문은 「Do you+동사원형 …?」 형태로 쓴다.

WRITING WITH GRAMMAR   p. 43

A 1 don't, play, watch, TV

2 doesn't, listen, sings, songs

3 doesn't, clean, washes, his, car

B 1 Do you have time today?

2 I don't[do not] have time today.

문제해설

A 보기 엄마는 방에서 주무시지 않는다. 그녀는 샤워한다.

1 내 남동생과 나는 보드게임을 하지 않는다.

우리는 TV를 본다.

2 내 여동생은 음악을 듣지 않는다.

그녀는 노래를 부른다.

3 아빠는 정원을 청소하지 않는다.

그는 세차한다.

▶ [1-3] 주어가 3인칭 단수일 경우 부정문은 「doesn't+동사원형」을 쓰고, 주어가 1인칭, 2인칭, 복수일 경우에는 「don't+동사원형」을 쓴다.

B 1 주어가 2인칭이므로 의문문에는 Does가 아닌 Do를 쓴다.

2 주어가 1인칭이고 문맥상 부정문이 되어야 하므로 don't[do not] have를 써야 한다.

READING WITH GRAMMAR   p. 44

1 ③ 2 (A) looks (B) doesn't[does not] hate

Words | ¹몹시 싫어하다 ²불안해하는

해석 | Stark 박사님께,

우리 집 근처에 고양이 한 마리가 살고 있습니다. 그녀는 집이 없어요. 그녀는 온종일 이리저리 돌아다녀요. 그녀가 배고파 보여서, 제가 그녀에게 고양이 사료를 가져다줘요. 하지만 그녀는 그것을 먹지 않아요. 그녀는 그냥 달아납니다. 그녀가 고양이 사료를 싫어하는 걸까요?

Sujin 드림

안녕 Sujin,

그 고양이는 고양이 사료를 싫어하지 않는단다. 그녀는 단지 불안해하는 거야. 길고양이는 집고양이와 달라. 그들은 밖에 살고 먹이를 찾아다녀. 그들은 사람들을 좋아하지 않아. 걱정하지 마. 그녀는 괜찮단다!

Stark 박사가

구문해설

3행 She **looks hungry**, so I *bring her cat food*.

▶ look+형용사: …하게 보이다

▶ bring A B: A에게 B를 가져다주다

9행 Feral cats are **different from** house cats.

▶ different from: …와 다른

문제해설

1 ③ 길고양이가 고양이 사료를 먹지 않는 행동에 대해 물어보려고 편지를 썼다.

2 (A) 주어 She가 3인칭 단수이므로 look은 3인칭 단수형인 looks로 써야 한다.

(B) 주어 The cat이 3인칭 단수이므로 부정문은 「doesn't[does not]+동사원형」을 써야 한다.

A 음식 권하고 답하기

Check-Up | 1 ②, ⑤   2 Do, you, want, some

문제해설

1 A: 이 초콜릿 쿠키 좀 맛보세요. / B: _____
   ▶ ②와 ⑤는 음식을 권하는 말이므로, 음식을 권하는 말에 대한
     대답으로는 적절하지 않다.

B 능력 묻고 답하기

Check-Up | 1 ③   2 Are, you, good, at

문제해설

1 A: 너는 이 울타리를 뛰어넘을 수 있니?
   B: _____ 그것은 너무 높아.
   ▶ 「Can you ...?」에 대한 대답은 Yes, I can.이나 No, I can't.
     인데, B가 그것이 너무 높다고 했으므로 No, I can't.가 알맞
     다.

FINAL TEST   pp. 47~49

1 ⑤ 2 ④ 3 ④ 4 ④ 5 (B)→(A)→(C) 6 ⑤ 7 ④
8 ⑤ 9 ② 10 ④ 11 ④ 12 ② 13 ⑤ 14 doesn't,
drink, coffee 15 Does, he, exercise 16 ⑤ 17 ④
18 ④ 19 Do, cook, I[we], do 20 Does, read, he,
doesn't, reads 21 He doesn't[does not] walk his
dog in the park. 22 Does music relax people?
23 Do they live in the city? 24 Does Amy own a
necklace?

문제해설

1 ⑤ meat은 '고기'라는 뜻이다. '만나다'라는 뜻의 단어는 meet
   이다.

2 그녀는 학교에서 교복을 _____.
   ① 놀다   ② 즐기다   ③ 묻다
   ④ 입고 있다   ⑤ 말하다

3 A: 아이스크림 좀 드실래요?
   B: _____
   ① 네, 감사합니다.
   ② 아니에요, 괜찮습니다.
   ③ 네, 주세요.
   ④ 어서 드세요.
   ⑤ 아니에요, 저는 배가 불러요.
   ▶ ④ '어서 드세요.'는 음식을 권하는 말에 대한 대답으로 적절하
     지 않다.

4 A: _____
   B: 응, 맞아. 나는 훌륭한 축구선수야.
   ① 너는 축구를 하니?

② 너는 축구를 할 수 있니?
③ 너는 축구 팬이니?
④ 너는 축구를 잘하니?
⑤ 너는 축구 선수와 함께 있니?
▶ 축구를 잘하는 선수라고 말하는 대답에는 축구를 잘하냐고 묻
  는 ④가 적절하다.

5 저희 집에 오신 걸 환영합니다. 마음껏 드세요!
   (B) 감사합니다. 음식이 많군요!
   (A) 이 사과 파이를 드셔 보세요.
   (C) 아니에요, 괜찮습니다. 저는 사과 파이를 좋아하지 않아요. 저
       는 다른 음식을 먹을게요.

6 ⑤ 동사가 3인칭 단수형이므로 복수명사는 주어로 쓸 수 없다.

7 ① 그녀는 매운 음식을 먹지 않는다.
   ② 그녀는 컴퓨터를 잘 고친다.
   ③ Sam은 매일 아침 물을 마신다.
   ⑤ Jacob은 늦게 일어난다.
   ▶ ④ 주어 Peter가 3인칭 단수이므로 동사는 3인칭 단수형인
     has를 써야 한다.

8 두 문장의 주어가 모두 3인칭 단수이므로 부정문은 「주어+does
   not+동사원형 ...」, 의문문은 「Does+주어+동사원형 ...?」의
   형태로 쓴다.

9 ② Tom은 자정에 잔다.
   ▶ ① teachs → teaches ③ haves → has ④ worrys →
     worries ⑤ do → does로 고쳐야 한다.

10 A: Joe와 Andy는 토요일마다 등산하러 가니?
    B: 응, _____.
    ▶ 주어 Joe and Andy는 3인칭 복수이고 Yes로 대답했으므
      로 they do가 알맞다.

11 A: 그녀는 애완동물을 기르니?
    B: 아니. 그녀는 애완동물을 _____.
    ▶ 문맥상 부정문을 써야 하고 주어 She가 3인칭 단수이므로
      빈칸에는 doesn't have가 적절하다.

12 주어가 3인칭 단수일 경우 의문문은 「Does+주어+동사원형
    ...?」의 형태이므로 ⓐ에는 like가, ⓑ에는 3인칭 단수형 동사인
    likes가 들어가야 한다.

13 ① 나는 너에게 거짓말을 하지 않는다.
    ② 너는 홍차를 좋아하니?
    ③ 우리는 수업시간에 이야기하지 않는다.
    ④ Sue와 Ian은 영어를 공부하니?
    ⑤ 그녀는 주말에 집에 있니?
    ▶ ⑤에는 does, 나머지는 do[Do]를 쓴다.

14 주어가 3인칭 단수이므로 부정문은 「주어+doesn't+동사원형
    ...」의 형태로 쓴다.

16 나는 요가 수업을 듣는다. 나는 그것을 즐긴다. 내 남동생은 야구
    수업에 간다. 하지만 그는 그것을 좋아하지 않는다. 나의 부모님
    은 매주 일요일에 요리 수업이 있다.
    ▶ ⑤ 주어 My parents는 복수이므로 동사원형인 have를 써
      야 한다.

17 ① A: 너는 스페인어를 공부하니?
　　B: 아니, 그렇지 않아. 나는 한국어를 공부해.
② A: 내가 너에게 너무 자주 문자 메시지를 보내니?
　　B: 아니, 그렇지 않아.
③ A: Jones 씨는 와인을 마시니?
　　B: 응, 그래. 그는 와인을 좋아해.
⑤ A: 한국에는 비가 많이 오니?
　　B: 응, 특히 여름에 그래.
▶ ④ 현재 일하냐고 묻는 말에 긍정으로 대답한 후 학생이라고 말하는 것은 부자연스럽다.

19 주어가 2인칭이므로 의문문은 「Do+주어+동사원형 …?」의 형태로 쓰며, 긍정 대답은 「Yes, 주어+do.」로 한다. 의문문의 주어 you를 '너'라는 의미의 단수로 보면 I, '너희'라는 의미의 복수로 보면 we로 대답할 수 있다.

20 주어가 3인칭 단수이므로 의문문은 「Does+주어+동사원형 …?」의 형태로 쓰며, 부정 대답은 「No, 주어+doesn't.」로 한다.

21 그는 공원에서 강아지를 산책시킨다.

22 음악은 사람들을 편하게 한다.

23 A: 그들은 도시에 사니?
　B: 아니, 그렇지 않아. 그들은 시골에 살아.
▶ 주어가 3인칭 복수일 때 의문문은 「Do+주어+동사원형 …?」의 형태로 써야 한다.

📍 CHAPTER 04 동사의 시제 1

GRAMMAR FOCUS
p. 52

A be동사의 과거형

1 나는 불안했다.
　그는 교수였다.
　우리는 샌프란시스코에 있었다.

2 1) 그 문제는 간단하지 않았다.
　　Jay와 그의 엄마는 집에 없었다.
　2) 그녀는 슬프지 않았다.
　　그들은 서점에 없었다.

3 1) Jason은 공원에 있었니?
　　그 학생들은 신이 났었니?
　2) Victoria가 오늘 아침에 아팠니?
　　– 응, 그랬어. / 아니, 그렇지 않았어.
　　그들은 오후에 도서관에 있었니?
　　– 응, 있었어. / 아니, 없었어.

Check-Up
p. 53

A 1 was　2 Were　3 were　4 weren't
B 1 was/was not　2 was/was not
　3 were/were not
C 1 Was, that　2 Were, you　3 was, not
　4 were, not
D 1 Was, he, was　2 Were, we, weren't

GRAMMAR FOCUS
p. 54

B 일반동사의 과거형

1 나는 내 방을 청소했다.
　그들은 그의 생각을 좋아했다.
　그 요리사는 수프에 소금을 넣었다.
　그녀는 오늘 아침에 이메일을 받았다.

2 1) 나는 일기를 쓰지 않았다.
　　James는 책상을 옮기지 않았다.
　2) Susan은 집에서 아침을 먹지 않았다.
　　우리는 뮤지컬을 보지 않았다.

3 1) 너는 설거지했니?
　　그는 어젯밤에 잠을 잘 잤니?
　2) Mary와 그녀의 아빠는 쇼핑몰에 갔니?
　　– 응, 갔어. / 아니, 안 갔어.

Check-Up
p. 55

A 1 cut　2 drank　3 cried　4 stopped
　5 touched　6 closed
B 1 lied　2 didn't　3 Did　4 dropped
C 1 called　2 lived　3 played　4 read
D 1 Did, Anne, eat　2 They, didn't, buy
E Did, drive, I, didn't

Grammar Test
p. 56

1 ②　2 (1) didn't[did not] watch/watched
(2) weren't[were not]/were　(3) hit　3 was　4 ③, ⑤
5 Did, take, the, subway

문제해설

1 ② 「자음+-y」로 끝나는 동사는 y를 i로 고치고 -ed를 붙인다.

3 • 지난 주말에 날씨가 좋았다.
　• 그녀는 두 시간 전에 공항에 있었다.
　▶ 주어가 3인칭 단수이며 문맥상 시제는 과거이므로 '…이었다', '…(에) 있었다'를 의미하는 was를 써야 한다.

4 ① 그녀는 지난 크리스마스에 행복했니?
② 그는 한 달 전에 파리에 갔다.
④ 너는 어제 수영장에서 수영을 했니?

▶ ③ give의 과거형은 gave이다.
⑤ 주어가 3인칭 복수인 they이므로 be동사 과거형의 의문문은 Were로 시작해야 한다.

WRITING WITH GRAMMAR p. 57

A 1 were, lovely 2 drank, juice
   3 bought, a, toy
B 1 She didn't[did not] wear a school uniform
   2 She was afraid of cats

문제해설

A 5월 5일, 맑음
   나는 나의 누나인 하진과 수족관에 갔다.
   1 우리는 돌고래들을 봤다. 그들의 미소는 사랑스러웠다.
   2 우리는 목이 말랐다. 우리는 매점에서 주스를 마셨다.
   3 우리는 선물 가게로 갔다. 누나는 나에게 장난감을 사주었다.
     우리는 함께 즐거운 시간을 보냈다!
B 보기 소희는 현재 중학교에 재학 중이다. 그녀는 3년 전에 중학교에 재학 중이지 않았다.
   1 그녀는 현재 교복을 입는다. → 3년 전에 그녀는 교복을 입지 않았다.
   ▶ 일반동사 과거형의 부정문은 「주어+didn't[did not]+동사원형 …」으로 쓴다.
   2 그녀는 현재 고양이를 무서워하지 않는다. → 3년 전에 그녀는 고양이를 무서워했다.

READING WITH GRAMMAR p. 58

1 ④ 2 ③
Words | ¹ 다른 ² 손님

해석 | 많은 사람들이 "숫자 13은 불길하다."고 말한다. 이러한 믿음은 노르웨이의 신화에서 비롯되었다. Loki는 파괴의 신이었다. 다른 신들은 그를 좋아하지 않았다. 어느 날, 열두 명의 신들은 파티를 열었다. 그들이 Loki를 파티에 초대했을까? 아니, 그렇지 않았다. Loki는 파티에 대해 알게 되었다. 그는 매우 화가 났다. 그는 파티에 와서 그들과 싸웠다. 유감스럽게도, 그는 기쁨의 신인 Balder를 죽였다. 그 후로, 13은 불길한 숫자가 되었다. 왜일까? Loki가 13번째 손님이었던 것이다!

구문해설

2행 The other gods didn't like **him**.
  ▶ him은 바로 앞 문장의 Loki를 가리킨다.

5행 He **got** very **angry**.
  ▶ get+형용사: …하게 되다

6행 …, he killed **Balder, the god of joy**.
  ▶ Balder와 the god of joy는 콤마로 연결된 동격이다.

문제해설

1 ④ 사람들이 13을 불길한 숫자로 여기게 된 유래를 신화로 설명하는 글이다.

2 ③ 일반동사 과거형의 의문문은 「Did+주어+동사원형 …?」으로 쓰므로 invited는 invite가 되어야 한다.

COMMUNICATION pp. 59~60

A 계절·날씨 묻고 답하기

Check-Up | 1 ④   2 How's, the, weather

문제해설

1 ④ 날씨를 묻는 말에 비가 좋다고 대답하는 것은 부자연스럽다.

2 A: 제주도의 날씨는 어떠니?
  B: 따뜻하고 화창해.

B 시간 묻고 답하기

Check-Up | 1 ⑤   2 ②

문제해설

1 A: 몇 시니?
  B: _____
  ① 3월이야.   ② 그건 내 시계야.   ③ 나는 시간 있어.
  ④ 내 자유 시간이야.   ⑤ 4시 50분이야.

2 A: Jack, 서둘러! 우리는 늦었어!
  B: 이런! 지금 몇 시야?
  A: 5시 30분이야.
  B: 걱정하지 마. 콘서트는 저녁 7시에 시작해.

FINAL TEST pp. 61~63

1 ① 2 dropped 3 ② 4 ④ 5 ④ 6 ③, ④ 7 ⑤
8 ⓐ was ⓑ punished 9 weren't 10 was 11 ③
12 ② 13 ③ 14 ⑤ 15 Was 16 studied 17 ⑤
18 ② 19 ③ 20 ③ Was → Did 21 He didn't[did
not] buy a new computer last month. 22 Did,
he[Jack], clean 23 No, didn't

문제해설

1 ① scared는 '겁먹은'이라는 뜻이며 '피곤한'의 뜻을 가진 단어는 tired이다.

2 '떨어뜨리다'의 뜻을 가진 단어는 drop이며, 과거형은 dropped 이다.

3 A: 호주는 무슨 계절이니? / B: _____
  ① 제철이야.   ② 봄이야.   ③ 월요일이야.
  ④ 구름이 꼈어.   ⑤ 2월이야.

4 A: _____ / B: 7시 15분이야.
  ① 이것은 네 시계니?

② 너는 시간이 필요하니?

③ 너는 시계를 가지고 있니?

④ 몇 시니?

⑤ 너는 저녁 먹을 시간이 있니?

5 ① A: 지금 몇 시니? / B: 오전 6시야.

② A: 날씨가 어떠니? / B: 바람이 불어.

③ A: 몇 시니? / B: 5시 50분이야.

④ A: 날씨가 어떠니? / B: 나는 화창한 날씨를 좋아해.

⑤ A: 캐나다는 무슨 계절이니? / B: 여름이야.

▶ ④ 날씨를 묻는 말에 화창한 날씨를 좋아한다는 대답은 부자연스럽다.

6 Was로 시작하는 의문문이므로 주어로 you나 they는 쓸 수 없다.

7 ⑤ lose의 과거형은 lost이다.

9 문맥상 '배가 고프지 않았다'는 의미이고 문장의 주어가 1인칭 복수이므로, 빈칸에는 weren't를 쓴다.

10 문맥상 'Tony는 어젯밤에 Tim과 있었다'는 의미이고 문장의 주어가 3인칭 단수이므로, 빈칸에는 was를 쓴다.

11 대답이 과거시제이므로 일반동사 과거형의 의문문을 만드는 Did를 쓴다.

12 A: 그녀는 2017년에 도쿄에 있었니?

B: 아니, 그녀는 없었어. 그녀는 오사카에 있었어.

▶ Was she ...?에 대한 부정 대답은 No, she wasn't[was not].이다.

13 첫 번째 문장은 last night이 쓰인 일반동사 과거형의 부정문이므로 ⓐ에는 did를 써야 한다. 두 번째 문장은 3인칭 단수 주어와 yesterday가 쓰인 be동사 과거형 문장이므로 ⓑ에는 was를 써야 한다.

14 ① 네가 창문을 열었니?

② 그들은 학교에 없었다.

③ 그녀는 일요일에 늦게 집에 왔다.

④ 그는 4년 전에 선생님이었니?

▶ ⑤ 일반동사 과거형의 부정문은 didn't 뒤에 동사원형이 오므로 had가 아닌 have를 써야 한다.

15 주어(your brother)가 3인칭 단수인 be동사 과거형의 의문문은 Was로 시작한다.

16 study의 과거형은 studied이다.

17 우리는 당신의 호텔에 만족하지 못했습니다. 우리의 방은 작았고 그곳은 매우 깨끗하지 않았습니다. 또한 TV도 작동하지 않았습니다. 직원들은 친절했을까요? 아니요, 그들은 그렇지 않았습니다.

▶ ⑤ 앞 문장이 be동사 과거형의 의문문이므로 be동사로 답해야 하며, 주어가 they이므로 weren't를 써야 한다. weren't 뒤에는 kind가 생략되었다.

18 일반동사 과거형의 의문문: 「Did + 주어 + 동사원형 ...?」

19 ① A: Chris가 차에 있었니? / B: 응, 있었어.

② A: 너는 그때 키가 컸니? / B: 아니, 그렇지 않았어.

③ A: Susie와 Amy는 피아니스트였니? / B: 아니, 그녀는 아

니었어.

④ A: 너는 오늘 아침에 체육관에 갔니? / B: 응, 갔어.

⑤ A: 너는 어제 벽에 페인트를 칠했니? / B: 아니, 그러지 않았어. 나는 싱크대를 고쳤어.

▶ ③ 주어(Susie and Amy)가 3인칭 복수이므로 부정 대답은 No, they weren't.가 되어야 한다.

20 A: Grace는 그녀의 지갑을 찾았니?

B: 아니, 못 찾았어.

A: 그녀는 분실물 보관소에 갔었니?

B: 응, 그랬어. 하지만 그녀의 지갑은 거기 없었어.

▶ ③ 일반동사 과거형의 의문문은 Did로 시작한다.

21 일반동사 과거형의 부정문으로 바꿔 써야 하므로 bought를 didn't[did not] buy로 바꾼다.

22 A: Jack은[그는] 토요일에 그의 방을 청소했니?

B: 응, 그랬어.

23 A: 그는 일요일에 프랑스어를 공부했니?

B: 아니, 그는 그러지 않았어.

▶ Jack은 일요일에 프랑스어가 아닌 영어를 공부했으므로 일반동사 과거형의 부정 대답이 적절하다.

CHAPTER 05 동사의 시제 2

GRAMMAR FOCUS

p. 66

A 현재시제와 현재진행형

1 나는 아들이 세 명 있다.

그녀는 매일 아침 오렌지 주스를 마신다.

태양은 동쪽에서 뜬다.

2 1) 나는 산책을 하고 있다.

그는 창밖을 보고 있다.

우리는 저녁으로 피자를 먹고 있다.

3) 나는 책을 읽고 있지 않다.

바람이 세게 불고 있지 않다.

그들이 지금은 이야기하고 있지 않다.

4) Jenny와 Bill은 영화를 보고 있니?

– 응, 그래. / 아니, 그렇지 않아.

그녀는 한국에서 휴가를 보내고 있니?

– 응, 그래. / 아니, 그렇지 않아.

Check-Up

p. 67

A 1 telling 2 chatting 3 moving 4 singing
5 studying 6 tying 7 writing 8 swimming

B 1 boils 2 is snowing 3 opens 4 baking

C 1 is, returning   2 Is, she, sleeping
  3 am, not, driving
D 1 Yes, he, is   2 No, she, isn't/No, she's, not

GRAMMAR FOCUS .... p. 68

B 미래시제

1 1) 곧 추워질 것이다.
   나는 내 약속을 지킬 것이다.
  2) 그는 더 이상 커피를 마시지 않을 것이다.
   나는 그녀에게 다시 이야기하지 않을 것이다.
  3) 버스가 여기에 서니?
   – 응, 그럴 거야. / 아니, 그렇지 않을 거야.
   그녀는 동호회에 가입할 거니?
   – 응, 그럴 거야. / 아니, 그러지 않을 거야.
2 1) 뮤지컬이 곧 시작할 것이다.
   그들은 여행을 갈 것이다.
  2) 눈이 오지 않을 것이다.
   그녀는 새 차를 사지 않을 것이다.
  3) 너는 그녀의 집을 방문할 거니?
   – 응, 그럴 거야. / 아니, 그러지 않을 거야.
   원숭이가 바나나를 먹을까?
   – 응, 그럴 거야. / 아니, 그러지 않을 거야.

| Check-Up | .... p. 69

A 1 be   2 meet   3 will take   4 are not going to
B 1 will, wash   2 is, going, to, visit
  3 am, going, to, watch
C 1 ©   2 ⓓ   3 ⓑ   4 ⓐ
D 1 won't, ride   2 Is, it, going, to, rain
  3 Will, the, contest, end

Grammar Test   p. 70

1 (1) playing   (2) Are you going   (3) won't[will not]
2 ②   **3** ④   **4** ③   **5** Two, lions, are, sleeping

문제해설

2 단수 주어(the man)가 쓰인 현재진행형의 의문문이므로 Is와
  making이 알맞다.
3 ④ last year는 과거를 나타내는 표현이므로 미래를 나타내는
  be going to와 함께 쓸 수 없다.
4 ① gets → get ② comeing → coming ④ going not →
  not going ⑤ buy → to buy
5 '…하고 있다'는 현재진행형으로 나타낼 수 있으며 「주어+am/
  are/is v-ing」의 형태로 쓴다.

WRITING WITH GRAMMAR   p. 71

A 1 is washing her dog
  2 will[is going to] attend a yoga class
  3 will[is going to] study mathematics
  4 will not[won't/is not going to]
  5 will[is going to] go to an amusement park
B 1 Are they planting trees
  2 She is not listening to music
  3 I am not going to cut my hair
  4 Are you going to order steak
  5 He won't change his opinion.

문제해설

B [1-5] 현재 진행 중인 일은 「주어+am/are/is v-ing」의 형태의
  현재진행형을, 앞으로 일어날 일은 will이나 be going to를, 미
  래시제 부정은 won't를 써서 나타낸다.

READING WITH GRAMMAR   p. 72

1 ④   **2** They will visit the Louvre Museum.
Words | **1** 경관, 전망   **2** 역사

해석 | 안녕하세요, Jones 씨 부부! 파리에 오신 걸 환영합니다! 제
이름은 Victor입니다. 저는 두 분의 여행 가이드예요. 이제 제가 두
분께 오늘의 일정에 대해 말씀드릴 것입니다. 우선, 우리는 루브르 박
물관을 방문할 것입니다. 두 분은 거기서 「모나리자」를 보실 거예요.
그 후에, 우리는 유람선을 탈 예정입니다. 두 분은 센강을 따라 항해
하여 내려갈 것입니다. 저녁에, 우리는 에펠탑에 오를 거예요. 거기서
두 분은 아주 멋진 야경을 즐기실 거예요. 긴 여정이 될 것입니다. 준
비되셨나요? 파리가 두 분을 기다리고 있습니다. 가시죠!

구문해설

5행 **After** *that*, we are going to take a cruise.
  ▶ after: … 후에
  ▶ that은 앞 문장의 내용(You'll see ... there.)을 가리킨다.
10행 **Let's go**!
  ▶ Let's+동사원형: …하자

문제해설

1 ① 여행 조언   ② 수학여행   ③ 특별 메뉴
  ④ 오늘의 일정   ⑤ 파리의 역사
  ▶ 오늘의 파리 여행 일정을 소개하고 있으므로 빈칸에 들어갈 말
   은 ④가 적절하다.
2 First 이하의 문장에서 제일 먼저 루브르 박물관을 방문한다고 했
  으므로 will visit을 써서 나타낸다.

COMMUNICATION

A 장래희망 묻고 답하기

Check-Up | 1 ⑤　　2 What, do, you, want, to, be

문제해설

1 A: 너는 무엇이 될 거니?
　B: ＿＿＿＿＿＿＿＿＿＿＿＿＿＿＿
　① 나는 학교에 가고 있어.
　② 나는 영어를 공부할 거야.
　③ 나는 피자를 좀 먹을 거야.
　④ 나는 역사책을 읽을 거야.
　⑤ 나는 사진작가가 될 거야.
　▶ What are you going to be?는 장래희망을 묻는 표현이
　　다.

B 요일·날짜 묻고 답하기

Check-Up | 1 (B) → (C) → (A)　　2 (1) April, 6
(2) What, day, is, it

문제해설

1 오늘이 며칠이니?
　(B) 2월 14일이야.
　(C) 그럼 일요일이니?
　(A) 아니. 토요일이야.

2 (1) 날짜는 월, 일 순서로 쓰고, 월은 항상 대문자로 시작한다.
　(2) 요일은 What day is it?으로 묻는다.

FINAL TEST

1 ⑤　2 ④　3 ③　4 (A)→(C)→(B)→(D)　5 ⑤　6 ②
7 ②　8 ⑤　9 ④　10 ②　11 ⑤　12 ③　13 ②
14 ②, ⑤　15 My cat is lying on the floor.　16 Is she
playing a board game?　17 They are not going to
work in Tokyo.　18 ④　19 ②　20 No, he, isn't[No,
he's, not], is, sitting　21 ④ isn't → won't[will not]
22 They aren't[are not] studying science.　23 Is,
going, to, exercise　24 Will, stay, home　25 No,
they, won't

문제해설

1 ⑤ bake는 '굽다'라는 뜻이다.

2 그 록 페스티벌은 오후 9시에 끝날 것이다.
　① 오다　② 놓다　③ 가지고 가다　④ 끝나다　⑤ 만들다
　▶ end와 finish는 '끝나다'라는 뜻이다.

3 A: ＿＿＿＿＿＿＿＿＿＿＿＿＿＿＿
　B: 나는 영어 선생님이 되고 싶어.
　① 너는 영어를 말할 수 있니?
　② 너는 영어를 잘하니?

③ 너는 무엇이 되고 싶니?
④ 너는 너의 선생님들을 좋아하니?
⑤ 너는 영어책을 좀 원하니?
▶ 문맥상 장래희망을 묻는 표현이 적절하다.

4 (A) 오늘이 며칠이야?
　(C) 5월 7일이야.
　(B) 아, 그러면 내일이 어버이날이네.
　(D) 맞아. 나는 내일 부모님과 저녁을 먹을 거야.

8 나는 이번 여름에 하와이를 방문할 것이다.
　▶ 미래를 나타내는 조동사 will은 be going to로 바꿔 쓸 수
　　있다.

9 A: 너는 내일 돌아올 거니?
　B: 아니, 그러지 않을 거야. 나는 내일모레 돌아갈 거야.
　▶ 「Will+주어+동사원형 …?」으로 묻고 있고, 문맥상 부정 대답
　　이 와야 하므로 No, I won't.가 알맞다.

10 A: 너희는 무언가를 요리하고 있니?
　B: 응, 그래. 우리는 닭고기 수프를 만들고 있어.
　▶ 문맥상 you가 복수 주어이고, 현재진행형 의문문의 긍정 대
　　답이 와야 하므로 Yes, we are.가 알맞다.

11 ① 그는 열쇠를 찾고 있다.
　② Jason은 쌍둥이 딸이 있다.
　③ 나는 내일 운동을 할 것이다.
　④ 그들은 집에서 차를 마시고 있다.
　▶ ⑤ 현재진행형은 과거를 나타내는 부사 yesterday와 함께
　　쓸 수 없다.

12 주어가 3인칭 단수이므로 plays를 is playing으로 바꿔야 한
　다.

13 ① 나는 그를 도울 것이다.
　② 그녀는 병원으로 가고 있다.
　③ Christine은 버스를 탈 것이다.
　④ 그는 새 컴퓨터를 살 것이다.
　⑤ 우리는 곧 회의를 할 것이다.
　▶ ②는 현재진행형이고, 나머지는 미래를 나타내는 be going
　　to이다.

14 미래시제의 부정은 「won't[will not]+동사원형」이나 「be동사
　+not going to+동사원형」으로 나타낸다.

18 ① 너는 곧 잘 거니?
　② 나는 샤워할 것이다.
　③ 그녀는 유럽으로 여행을 갈 거니?
　⑤ 그들은 같은 실수를 하지 않을 것이다.
　▶ ④ be going to 뒤에는 동사원형이 와야 하므로 play가 알
　　맞다.

19 ① A: 너는 샌드위치를 먹고 있니?
　　B: 응, 그래.
　② A: 너는 작가가 될 거니?
　　B: 아니, 되지 않을 거야.
　③ A: 너는 택시를 탈 거니?
　　B: 응, 그럴 거야.

④ A: 네 여동생은 자고 있니?
   B: 아니. 그녀는 지금 숙제를 하고 있어.
⑤ A: 너는 5월에 결혼할 거니?
   B: 응, 그럴 거야.
▶ ② 해석상 자연스러워 보이지만, Are you going to ...?에
  대한 부정 대답은 No, I'm not.이다.

20 그림 속 소년은 벤치 뒤에 서 있는 것이 아니라 벤치에 앉아있다.

21 A: 그녀는 다음 주에 기타 수업을 받을 거니?
  B: 아니, 그러지 않을 거야. 그녀는 무용 수업을 받을 거야.

23 B의 응답으로 미루어 볼 때 A의 질문은 be going to를 이용
한 미래시제 의문문을 써야 한다.

24 B가 will을 써서 대답하고 있으므로 A의 질문은 Will을 이용한
미래시제 의문문을 써야 한다.

📍 CHAPTER 06 조동사

GRAMMAR FOCUS .... p. 80

A 조동사 can, may

1 1) 나는 기타를 연주할 수 있다.
   닭은 높이 날 수 없다.
   그가 시험에 합격할 수 있을까?
   – 응, 할 수 있어. / 아니, 못 해.
  2) 너는 엘리베이터를 이용해도 된다.
   그들은 공원에 들어가면 안 된다.
   내가 화면을 만져봐도 돼? – 응, 돼. / 아니, 안 돼.

2 1) 당신은 제 방에 들어와도 됩니다.
   사람들은 미술관에서 사진을 찍으면 안 된다.
   제가 창문을 열어도 될까요? – 네, 그러세요. / 아니요, 안 됩
   니다.
  2) 손님들이 늦게 도착할지도 모른다.
   이 우산은 네 것이 아닐지도 모른다.

| Check-Up | .... p. 81

A 1 Are 2 can 3 may not
B 1 Can, he, throw 2 She, cannot[can't], eat
   3 You, may, not, open
C 1 she, can't[cannot] 2 you, may, not
D 1 is, able, to 2 are, not, able, to

GRAMMAR FOCUS .... p. 82

B 조동사 must, should

1 우리는 이 배에서 구명조끼를 입어야 한다.
  Erica는 오늘 연설을 해야 한다.
  운전자들은 어린이 보호 구역에서 빨리 운전해서는 안 된다.
  이 건물에서 제가 조용히 해야 하나요?
  – 응, 그래야 해. / 아니, 그러지 않아도 돼.

2 우리는 말하기 수업을 들어야 한다.
  너는 우유를 매일 마시는 것이 좋겠다.
  학생들은 복도에서 뛰어서는 안 된다.
  제가 파티에서 넥타이를 매야 하나요?
  – 응, 그래야 해. / 아니, 그러지 말아야 해.

| Check-Up | .... p. 83

A 1 respect 2 put 3 write 4 must not
  5 doesn't have to
B 1 you, should 2 he, shouldn't
  3 you, need, not 4 they, must
C 1 should, not, leave 2 Must, he, prepare
D 1 must not 2 should 3 don't have to

Grammar Test .... p. 84

1 (1) take the test (2) must wear (3) Should I
attend 2 ④ 3 ⑤ 4 ②, ⑤ 5 (1) cannot[can't],
lock (2) must, not, lose (3) Should, I, say, sorry

문제해설

1 (1), (3) 조동사의 의문문은 「조동사+주어+동사원형 ...?」의 형
  태이다.
  (2) 조동사 뒤에는 동사원형을 써야 한다.

3 문맥상 ⓐ에는 금지를 나타내는 must not이, ⓑ에는 충고를 나
  타내는 should가 알맞다.

4 ① not may → may not ③ played → play
  ④ keeping → keep

WRITING WITH GRAMMAR .... p. 85

A 1 must not make noise
  2 can[may] borrow books
  3 must not use your cell phone
  4 can[may] use the Internet
  5 must not shop online
B 1 May[Can] I eat the tomatoes
  2 Can[May] I use free Wi-Fi

문제해설

A 보기 당신은 열람실에서 책을 읽어도 된다.
　　　당신은 컴퓨터실에서 간식을 먹어서는 안 된다.

1 당신은 열람실에서 <u>소란을 피워서는 안 된다</u>.
2 당신은 열람실에서 <u>책을 빌려도 된다</u>.
3 당신은 열람실에서 핸드폰을 <u>사용해서는 안 된다</u>.
4 당신은 컴퓨터실에서 <u>인터넷을 사용해도 된다</u>.
5 당신은 컴퓨터실에서 온라인 쇼핑을 <u>해서는 안 된다</u>.
▶ 허가된 일은 조동사 can 또는 may를, 금지된 일은 must not을 써서 나타낸다.

READING WITH GRAMMAR
p. 86

1 ④ **2** you must not go into the water
Words | **¹** 해치다, 해를 끼치다 **²** 전기

해석 | 야영객 여러분에게 알립니다! 우리 캠프장에 번개가 칠지도 모릅니다. 여러분은 위험에 빠질지도 모릅니다. 그러니 여러분은 이 안전 수칙들을 따라야 합니다. 우선, 여러분은 큰 나무 밑으로 가서는 안 됩니다. 번개가 그것들을 쳐서 여러분을 다치게 할 수 있습니다. 두 번째로, 여러분은 금속 물체에서 떨어져 있어야 합니다. 그것들은 전기가 통할 수 있습니다. 세 번째로, 여러분은 물에 들어가서는 안 됩니다. 끝으로, 여러분은 마지막 번개가 내리친 후 30분 동안 밖으로 나가서는 안 됩니다. 그것이 다시 내리칠 수 있습니다. 모든 수칙을 기억할 수 있나요? 그럼 이곳에서의 시간을 즐기세요!

구문해설

1행 **Attention** campers!
▶ attention: (안내 방송에서) 알립니다, 주목하세요

5행 Lightning can hit **them** and harm you.
▶ them은 앞 문장의 tall trees를 가리킨다.

문제해설

1 ④ 번개가 칠 때 지켜야 할 안전 수칙에 대해 설명하고 있다.

2 '…해서는 안 된다'라는 금지의 의미를 나타낼 때는 「must not +동사원형」의 어순으로 쓴다.

COMMUNICATION
pp. 87~88

A 전화하기 1

Check-Up | **1** ② **2** This

문제해설

1 전화를 걸어 통화할 사람을 찾는 상황이므로 ②가 적절하다.

2 A: Joe와 통화할 수 있나요?
　B: 제가 Joe인데요. 누구시죠?
　A: 저는 Sophie예요.

B 전화하기 2

Check-Up | **1** ④ **2** ③

문제해설

1 A가 '메시지를 남겨도 될까요?'라고 질문한 것으로 보아 Chloe가 전화를 받는 곳에 없다는 것을 추측할 수 있으므로 ④ '그녀는 잠시 기다릴 수 있어요.'는 적절하지 않다.

2 A: 여보세요, Nick과 통화할 수 있나요?
　B: 누구니?
　A: (저는 당신에게 전화하고 있어요.) 저는 Carol이에요.
　B: 미안한데, Carol. Nick은 나갔단다. 메모를 남겨줄까?
　A: 아니요, 괜찮아요.
　▶ ③ 전화를 건 사람이 누구인지 묻고 있는데 당신에게 전화하고 있다고 대답하는 것은 적절하지 않다.

FINAL TEST
pp. 89~91

1 ④ **2** ⑤ **3** ③ **4** ④ **5** ④ **6** (1) ⓒ (2) ⓐ (3) ⓑ
7 ② **8** ⑤ **9** ③ **10** don't have to/need not
11 May[Can], I **12** cannot[can't], speak **13** ②
14 ⑤ **15** ③ **16** ② **17** ④ **18** ② **19** ④ **20** No, he, isn't, can, play **21** Yes, she, can, isn't, able, to, play **22** He doesn't have to finish the report
23 You will be able to meet your boss

문제해설

1 ④ fever는 '열'이라는 뜻이다.

2 follow가 '(규칙 등을) 따르다'라는 뜻일 때는 obey와 바꿔 쓸 수 있다.

4 A: 제가 메시지를 남겨드릴까요?
　B: 아니요, 괜찮아요. 제가 나중에 다시 전화할게요.

5 A: 여보세요. Jane과 통화할 수 있을까요?
　B: 미안한데, 그 애는 지금 막 나갔단다. <u>누구니?</u>
　A: 저는 그 애 친구 Alex예요.
　▶ 자신이 누구인지 밝히는 A의 대답으로 보아 빈칸에는 전화를 건 사람이 누군지 묻는 ④가 적절하다.

6 A: 여보세요. ⓒ Roy와 통화할 수 있을까요?
　B: ⓐ 잠시만 기다리렴. … 미안한데, 그 애는 지금 없단다. 누구니?
　A: Julie예요. 저는 Roy의 친구예요. ⓑ 메시지를 남겨도 될까요?
　B: 물론이지. 말해보렴.

7 A: 내 개 좀 돌봐줄 수 있니?
　B: <u>응, 그럴 수 있어.</u>
　▶ 「Can you …?」에 대한 대답은 Yes, I can. 또는 No, I can't.가 되어야 한다.

8 A: 제가 이 박물관 안으로 음료를 가지고 와도 되나요?
　B: <u>아니요, 안 됩니다.</u>
　▶ 「May I …?」에 대한 대답은 Yes, you may[can]. 또는 No,

you may not[can't/cannot].이 되어야 한다.

9 ③ 조동사 뒤에는 동사원형을 써야 하므로 drive가 되어야 한다.

10 A: 내가 너에게 오늘 전화를 해야 하니?
   B: 아니, 너는 그럴 필요 없어. 너는 내게 내일 전화해도 돼.
   ▶ 「Must I ...?」에 대한 부정 대답은 불필요를 뜻하는 No, you don't have to./No, you need not.이다.

13 '…할 수 있다'는 의미의 be able to는 조동사 can과 바꿔 쓸 수 있다.

14 ① 그는 지금 깨어 있을지도 모른다.
   ② Stephen은 천재일지도 모른다.
   ③ 이 시계는 맞지 않을지도 모른다.
   ④ 그들은 오늘 밤에 바쁘지 않을지도 모른다.
   ⑤ 당신은 여기에 당신의 차를 주차해도 됩니다.
   ▶ ①, ②, ③, ④는 '…일지도 모른다'는 추측, ⑤는 '…해도 된다'는 허가의 의미이다.

15 ① 당신은 날짜를 변경할 수 있다.
   ② 당신은 날짜를 변경해도 좋다.
   ④ 당신은 날짜를 변경할 수 있다.
   ⑤ 당신은 날짜를 변경하면 안 된다.

16 A: James는 오늘 수영 대회에 참가할 수 있니?
   B: 아니, 못 해. 그는 아파. 그는 병원에 가야 해.
   ▶ ② 조동사의 의문문은 「조동사+주어+동사원형 …?」의 어순으로 쓰므로 enter가 되어야 한다.

17 ④ 환자들은 운동을 심하게 해서는 안 된다.
   ▶ ① am able → am able to ② using → use
      ③ borrows → borrow ⑤ washed → wash

18 ② 추측(…일지도 모른다)이 아닌 허가(…해도 좋다)의 의미가 알맞다.

19 ① A: 너는 드럼을 연주할 수 있니?
      B: 응, 할 수 있어.
   ② A: Jack은 버스를 운전할 수 있니?
      B: 아니, 못해.
   ③ A: 네 노트북 컴퓨터를 사용해도 될까?
      B: 응, 해도 돼.
   ④ A: 내가 안전벨트를 매야 할까?
      B: 응, 나는 그래야 해.
   ⑤ A: 나는 약을 먹어야 할까?
      B: 아니, 너는 그러지 말아야 해.
   ▶ ④ 「Must I ...?」에 대한 대답은 Yes, you must. 또는 No, you don't have to./No, you need not.이 되어야 해.

20 A: Justin은 플루트를 연주할 수 있니?
   B: 아니, 그는 못 해. 하지만 그는 피아노를 연주할 수 있어.

21 A: Ariana는 피아노를 연주할 수 있니?
   B: 응, 그녀는 할 수 있어. 하지만 그녀는 플루트는 연주하지 못해.

23 조동사 can의 미래는 「will be able to+동사원형」으로 나타낸다.

CHAPTER 07 형용사와 부사

GRAMMAR FOCUS .... p. 94

A 형용사

1 나는 친절한 친구가 있다.
   그녀는 아름답다.

2 1) 나는 엄마를 위해 꽃을 조금 샀다.
     전쟁에서 살아남은 군인은 거의 없다.
     서울에는 차가 많다.
   2) 나의 고양이는 우유를 조금 마셨다.
     사막에는 물이 거의 없다.
     Emily는 옷에 돈을 많이 쓰지 않는다.
   3) 냉장고에 약간의 음식이 있다.
     차를 조금 드시겠어요?
     나는 내일 아무 계획이 없다.
     무슨 문제라도 있나요?
     우리는 조개껍데기를 많이 모았다.
     Kelly와 나는 많은 정보를 찾지 못했다.
     그들은 많은 신발들을 가지고 있니?

| Check-Up | .... p. 95

A 1 angry 2 soft 3 funny 4 some
B 1 any 2 little 3 a few 4 much 5 many
C 1 any 2 little 3 much 4 many
D 1 some, wine 2 any, time 3 any, coins
   4 some, sandwiches

GRAMMAR FOCUS .... p. 96

B 부사

1 그 고양이는 조용히 걷는다.
   그 경기는 매우 흥미진진하다.
   그는 정말 빨리 달릴 수 있다.
   운 좋게도, 나는 땅바닥에서 약간의 돈을 발견했다.

3 나는 결코 그를 다시 만나지 않을 것이다.
   Dave는 때때로 낚시하러 간다.
   Sue는 일한 후에 자주 피곤하다.
   그는 대개 티셔츠와 청바지를 입는다.
   너는 항상 아침으로 시리얼을 먹니?

| Check-Up | .... p. 97

A 1 ended 2 interesting 3 quietly
   4 he lost his watch
B 1 silently 2 Honestly 3 easily 4 well

C **1** high **2** early **3** hard **4** slowly
D **1** sometimes **2** often **3** usually **4** always

Grammar Test
p. 98

1 (1) little (2) many[lots of/a lot of] (3) angrily
2 (1) fast (2) beautifully (3) hard (4) slowly **3** ③
4 (1) didn't, have, any, snacks (2) see, lots, of, paintings

문제해설

2 (1), (3) fast와 hard는 형용사와 부사의 형태가 동일하다.
   (2) beautiful의 부사형은 beautifully이다.
   (4) slow의 부사형은 slowly이다.

3 ③ 빈도부사는 일반동사 앞에 위치하므로 often clean이 되어야 한다.

WRITING **WITH GRAMMAR**
p. 99

A **1** usually skips breakfast
   2 sometimes writes on her blog
   3 always plays computer games
   4 is never late for school
B **1** This fan makes little noise.
   2 We can see a lot of planes.
   3 You can always use this laptop.
   4 Kelly is my lovely cat.
   5 This blue T-shirt is sold out.
   6 Do you have any questions?

문제해설

A [1-4] 빈도부사는 일반동사 앞이나 be동사 뒤에 쓴다.

READING **WITH GRAMMAR**
p. 100

1 ③ **2** (A) comfortably (B) beautiful
Words | **¹** 재미있는, 흥미로운 **²** 유명한

해석 | 당신은 뉴욕에 있는 값싸고, 흥미로운 호텔을 찾고 있나요? 오래된 택시에서 자는 것은 어떤가요? 하룻밤에 단 39달러입니다. 그 택시는 노란색 승합차입니다. 그 차는 뒷자리에 큰 침대가 있습니다. 그래서 당신은 편안하게 잘 수 있습니다. 그 승합차는 큰 주차장에 있습니다. 당신은 승합차 지붕에서 도시의 아름다운 스카이라인을 볼 수 있습니다. 근처에 지하철역도 있습니다. 그러므로 당신은 뉴욕의 모든 유명한 장소들을 쉽게 방문할 수 있습니다. 당신은 이곳에서 머문 것을 결코 잊지 못할 것입니다.

구문해설

2행 **How about sleeping** in an old taxi?

▶ How about v-ing: …하는 게 어때?

3행 It's just 39 dollars **a** night.

▶ 부정관사 a는 '~마다, 당'의 의미이다.

문제해설

1 ③ 큰 침대는 뒷자리에 있다.

2 (A) 동사 sleep을 수식하는 부사 comfortably가 적절하다.
   (B) 명사 skyline을 수식하는 형용사 beautiful이 적절하다.

COMMUNICATION
pp. 101~102

A 외모 묘사하기

Check-Up | **1** thin, long   **2** (B) → (A) → (C)

문제해설

2 너는 남자 형제가 있니?
   (B) 응. 나는 남동생이 한 명 있어.
   (A) 그 애에 대해 내게 말해 줄래?
   (C) 응. 그 애는 눈이 크고 생머리야.

B 습관 묻고 답하기

Check-Up | **1** ④   **2** What, time, do, you, usually

문제해설

1 A: 너는 여가 시간에 보통 뭘 하니?
   B: _____
   ① 나는 보통 잠을 자.
   ② 나는 영화를 보러 가.
   ③ 나는 컴퓨터 게임을 해.
   ④ 나는 라디오를 듣는 중이야.
   ⑤ 나는 보통 신문을 읽어.
   ▶ ④ 여가 시간에 보통 무엇을 하는지 묻는 말에 라디오를 듣는 중이라고 대답하는 것은 자연스럽지 않다.

FINAL TEST
pp. 103~105

1 ② **2** ③ **3** ⑤ **4** ④ **5** ④ **6** ② **7** ③ **8** ④ **9** ④
10 ③ **11** ⑤ **12** ② **13** ④ **14** a few **15** much
16 a little **17** ① **18** ④ **19** ① **20** hardly → hard
21 warmly → warm **22** They are really smart students. **23** Dad didn't[did not] eat any pizza for dinner. **24** Did Amy meet any friends last week? **25** (1) The baby is small. (2) The baby has curly hair.

문제해설

1 ② desert는 '사막'이라는 뜻이며, '후식'이라는 뜻의 단어는 dessert이다.

3 A: Jackson은 금발 머리이니?

B: 아니. _____
① 그는 여동생이 있어.
② 그는 파란 눈을 좋아해.
③ 그는 14살이야.
④ 그는 마르고 키가 커.
⑤ 그는 갈색 머리야.

4 A: _____
B: 나는 보통 샌드위치를 먹어.
① 너는 점심 먹었니?
② 너는 샌드위치를 먹을 거니?
③ 너는 매일 아침을 먹니?
④ 너는 보통 점심으로 뭘 먹니?
⑤ 너는 보통 몇 시에 점심을 먹니?

5 A: Jason, 너는 보통 몇 시에 집에 가니?
B: 저녁 7시에. 나는 밴드 연습이 있거든.
A: 밴드 연습? 너는 매일 연습하니?
B: 아니. 일주일에 3일 연습해.

6 sadly는 sad의 부사형이므로 빈칸에는 good의 부사형인 well이 알맞다.

7 ③ a little은 셀 수 있는 명사의 복수형 앞에 쓸 수 없다.

8 A: 나는 파티를 위해 많은 음식을 만들었어.
B: 그럼 사람들을 더 초대하자.
▶ 사람들을 더 초대하자는 대답으로 보아 음식을 많이 만들었다는 문맥이 자연스러우며, food는 셀 수 없는 명사이므로 a lot of가 알맞다.

9 A: 저 개 정말 귀엽다. 그거 네 거야?
B: 아니. 나는 어떤 애완동물도 가지고 있지 않아.
▶ 수와 양을 나타낼 때 부정문의 평서문에서는 형용사 any로 명사를 수식한다.

11 • 많은 십 대들은 그 가수를 좋아한다.
• 그는 많은 물을 마신다.
▶ lots of는 셀 수 있는 명사 teenagers와 셀 수 없는 명사 water를 모두 수식할 수 있다.

12 빈도부사는 주로 일반동사 앞에 쓴다.

14 토마토를 '조금' 샀다고 했으므로 복수명사 tomatoes 앞에는 a few를 써야 한다.

15 시간이 '많지' 않다고 했으므로 셀 수 없는 명사 time 앞에는 much를 써야 한다.

16 소금을 '조금' 넣었다고 했으므로 셀 수 없는 명사 salt 앞에는 a little을 써야 한다.

17 보기 그는 내 이름을 정말 크게 불렀다.
① 나는 매우 늦게 일어난다.
② 그 소년은 친절하게 대답했다.
③ Nancy는 학교에 일찍 간다.
④ 그 곰은 천천히 걷고 있었다.
⑤ Ian은 문자 메시지를 빠르게 보낼 수 있다.
▶ 보기 와 ①은 부사를 수식하는 부사이며, 나머지는 동사를 수식하는 부사이다.

18 ① 그것은 작은 말이다.
② 그는 훌륭한 의사이다.
③ 저것들은 높은 건물이다.
④ 그의 이야기는 흥미롭다.
⑤ Kim은 멋진 차를 가지고 있다.
▶ ①, ②, ③, ⑤는 명사를 수식하는 형용사이고, ④는 주어를 보충 설명하는 형용사이다.

19 ② 그는 자주 첼로를 연주한다.
③ 너는 때때로 산책을 하러 가니?
④ 그 여정은 많은 시간이 걸린다.
⑤ 그 선생님의 목소리는 매우 부드러웠다.
▶ ① fast는 형용사와 부사의 형태가 같다.

23-24 some은 부정문이나 의문문에서 any로 바꿔 써야 한다.

⊙ CHAPTER 08 비교

GRAMMAR FOCUS ···················· p. 109

B 비교 표현

1 나는 영화배우만큼 인기가 있다.
그 과일은 설탕만큼 달다.
Anne은 나만큼 노래를 잘 부른다.

2 그는 에디슨보다 더 똑똑하다.
뮤지컬은 오페라보다 더 흥미롭다.
Emily는 Sarah보다 더 빨리 달린다.

3 코끼리는 육지에서 가장 큰 동물이다.
그는 팀에서 최고의 농구 선수이다.
그것은 역사상 가장 중요한 사건이었다.

| *Check-Up* | ···················· pp. 110~111

A 1 easier, easiest 2 fatter, fattest
  3 worse, worst 4 more, most
  5 nicer, nicest 6 more careful, most careful
B 1 than 2 as 3 long 4 most 5 best
  6 higher 7 the lowest
C 1 strong 2 busier 3 smartest 4 laziest
D 1 lighter 2 colder 3 most, successful
E 1 the, youngest 2 as, lovely, as
  3 as, hard, as 4 one, of, the, most, powerful
  5 richer, than
F 1 (1) faster, than (2) slower, than
   (3) the, fastest

> **2** (1) bigger, than (2) smaller, than
> (3) the, biggest

Grammar Test

p. 112

1 ② **2** ③ **3** as **4** ② **5** (1) as, much, as, possible
(2) is, as, cheap, as (3) is, one, of, the, most,
delicious, dishes

문제해설

1 ①, ③, ④, ⑤는 원급과 비교급, ②는 원급과 최상급 관계이다.

2 ①, ②, ④, ⑤의 빈칸 앞에는 비교급이 쓰였으므로 than을 써야
하고, ③은 원급 비교 구문이므로 as를 써야 한다.

3 첫 번째 빈칸에는 「as+원급+as possible」의 as가, 두 번째
빈칸에는 원급 비교 구문의 as가 알맞다.

4 '…보다 더 ~한/하게'의 의미는 「비교급+than」 구문을 써서 나
타내며, heavy의 비교급은 heavier이다.

5 (3) '가장 …한 것[사람]들 중 하나'의 의미는 「one of the+최상
급+복수명사」 구문을 써서 나타낸다.

WRITING WITH GRAMMAR

p. 113

A 1 is as cheap[expensive] as
  2 is cheaper than/is less expensive than
  3 are more expensive than
  4 are the most expensive
B 1 I arrived home earlier than my brother.
  2 Andrew is the tallest student in my class.
  3 Sally finished her homework as quickly as
  possible.

문제해설

A 1 스웨터와 바지의 가격이 같으므로 「as+원급+as」를 써야 한
다.

  2 모자가 스웨터보다 가격이 더 싸므로 cheaper than 또는
  less expensive than을 써야 한다.

  3 운동화가 바지보다 더 비싸므로 more expensive than을
  써야 한다.

  4 선글라스가 물건 중 가장 비싸므로 the most expensive를
  써야 한다.

READING WITH GRAMMAR

p. 114

1 they are lighter than water **2** ④
Words | ¹조각 ²떠가다, 뜨다

해석 | 빙산은 거대한 얼음 조각처럼 보인다. 그것들은 세계에서 가
장 큰 얼음 조각일지도 모른다. 그것들은 작은 건물보다 더 높고 더
넓다. 그러나 그것들은 물보다 더 가볍다. 그래서 그것들은 바다에 떠

있다. 바다 위의 빙산은 멋진 광경이다. 하지만, 그것들은 선박에는
위험할 수 있다. 우리는 빙산의 윗부분만을 볼 수 있다. 물속의 부분
은 윗부분보다 더 크다. 그래서 선박들은 빙산 전체를 볼 수 없고, 그
것에 충돌할 수 있다.

구문해설

1행 Icebergs **look like** huge *pieces of ice*.
  ▶ look like+명사(구): …처럼 보이다
  ▶ a piece of+셀 수 없는 명사: … 하나[한 조각]

6행 Icebergs **on the sea** are a wonderful sight.
  ▶ on은 '… 위에'라는 전치사이며, on the sea는 주어
  Icebergs를 수식하는 전치사구이다.

문제해설

1 '…보다 더 ~한/하게'의 의미는 「비교급+than」 구문을 써서 나
타내며, light의 비교급은 lighter이다.

2 뒷부분에 우리는 빙산의 윗부분만을 볼 수 있어 배가 빙산과 충돌
할 수 있다는 내용이 이어지므로 빈칸에는 ④ dangerous(위험
한)가 적절하다.

COMMUNICATION

pp. 115~116

A 물건 사기 1

> *Check-Up* | **1** ④ **2** ②

문제해설

1 A: 도와드릴까요?
  B: _____
  ① 네. 제가 도와드릴 수 있어요.
  ② 저는 식당 매니저입니다.
  ③ 아니요. 영어 하실 수 있으세요?
  ④ 아니요. 저는 그냥 둘러보고 있어요.
  ⑤ 물론이죠. 무엇을 도와드릴까요?
  ▶ 도움이 필요한지를 물었으므로 수락하거나 거절하는 대답을
  해야 한다.

2 A: 도와드릴까요?
  B: 네. 저는 야구공을 찾고 있어요.
  A: 야구공은 저쪽에 있습니다.
  B: 한번 둘러볼게요. 감사해요.

B 물건 사기 2

> *Check-Up* | **1** ①, ④ **2** What[How], about,
> take[buy], it

1 A: _____
  B: 나쁘지 않네요. 얼마예요?
  ① 이건 어떠세요?
  ② 이 모델을 찾고 계세요?
  ③ 이 모델의 어떤 점이 좋으세요?

④ 이 모델은 어떠세요?
⑤ 다른 모델 있나요?

pp. 117~119

FINAL TEST

1 ⑤ 2 float 3 ③ 4 ②, ④ 5 ③ 6 (A)→(D)→(C)→
(B) 7 ⑤ 8 most 9 ③ 10 ③ 11 ② 12 ① 13 ④
14 ⑤ 15 better, than 16 the, most, beautiful
17 Turtles live longer than sharks. 18 He is one of
the best soccer players in the world. 19 ③ 20 ④
21 woke, up, later, than 22 is, the, hottest 23 is,
hotter, than 24 I went to the hospital as soon as
possible.

문제해설

1 ⑤ comfortable은 '편안한'이라는 뜻이다.

3 • 저희는 그냥 둘러보고 있어요.
  • 저는 세탁기를 찾고 있어요.

4 A: _____
  B: 좋네요. 저는 그걸 사겠어요!
  ① 무엇을 도와드릴까요?
  ② 이 셔츠는 어떠세요?
  ③ 이 셔츠는 얼마예요?
  ④ 이 셔츠는 어떠세요?
  ⑤ 하얀 셔츠 있나요?
  ▶ 물건이 좋아 사겠다고 대답했으므로 빈칸에는 물건을 추천하
    는 표현이 들어가는 것이 자연스럽다.

5 A: 도와드릴까요?
  B: 네. 저는 양말을 찾고 있어요.
  A: 이 회색 양말은 어떠세요?
  B: (저렴하네요.) 얼마예요?
  A: 2달러예요.

6 (A) 안녕하세요. 무엇을 도와드릴까요?
  (D) 안녕하세요. 초콜릿 머핀 있나요?
  (C) 물론이죠. 한 개에 3달러입니다.
  (B) 좋네요. 두 개 살게요.

7 ①, ②, ③, ④는 원급과 최상급, ⑤는 원급과 비교급 관계이다.

9 프랑스어는 영어보다 더 어렵다.
  ▶ 뒤에 than이 있으므로 비교급을 써야 하며, difficult의 비교
    급은 more difficult이다.

10 • 내 가방이 네 것보다 더 가볍다.
   • 이 천은 실크보다 더 부드럽다.
   ▶ 비교급 lighter와 softer 뒤에는 than이 와야 한다.

11 • 네 손은 내 것만큼 크다.
   • Jim의 개는 우리 것보다 더 작다.
   ▶ as와 as 사이인 ⓐ에는 원급을, than 앞인 ⓑ에는 비교급을
     써야 한다.

12 • 너는 가능한 한 빨리 내게 전화를 해야 해.

• 시베리아는 지구에서 가장 추운 장소 중 하나이다.
  ▶ 첫 번째 문장에는 「as+원급+as possible」 구문이, 두 번
    째 문장에는 「one of the+최상급+복수명사」 구문이 쓰였
    다.

13 나는 Jim보다 _____ 집에 왔다.
   ① 더 늦게 ② 더 느리게 ③ 더 빠르게 ④ 더 멀리 ⑤ 더 일찍
   ▶ 빈칸에는 부사의 비교급이 와야 하며, 의미상 ④ '더 멀리'는
     적절하지 않다.

14 ① 파리는 런던보다 더 작다.
   ② 나의 남동생은 나보다 더 무겁다.
   ③ 이번 봄은 지난봄보다 더 짧았다.
   ④ Ian의 아빠는 가족에서 키가 가장 큰 남자이다.
   ▶ ⑤ 뒤에 than이 있으므로 최상급 most interesting을 비
     교급 more interesting으로 고쳐야 한다.

16 '…에서 가장 ~한/하게'는 「the+최상급+in+장소」로 나타낼
   수 있다.

20 ① 그의 수학 점수는 모든 과목 중에 가장 높았다.
   ② 그의 영어 점수는 과학 점수만큼 높았다.
   ③ 그의 음악 점수는 모든 과목 중에 가장 낮았다.
   ④ 그의 과학 점수는 그의 수학 점수보다 높았다.
   ⑤ 그의 영어 점수는 그의 수학 점수보다 낮았다.

22 서울은 세 지역 중에서 가장 기온이 높으므로 최상급 the
   hottest를 써야 한다.

23 부산은 독도보다 기온이 더 높으므로 비교급 hotter than을 써
   야 한다.

CHAPTER 09 의문사가 있는 의문문

GRAMMAR FOCUS
p. 122

A 의문사 who, what

이것은 무엇이니? – 그것은 새 탁자야.
버스는 언제 오니? – 5분 후에 와.
그들은 어디로 갈 거니? – 그들은 카페에 갈 거야.
누가 답을 알고 있니? – Julia가 알아.

1 교실 안에 있는 그 소녀는 누구니? – 그녀는 Jessica야.
  그 남자는 누구에게 전화했니? – 그는 그의 아버지께 전화했어.
  누가 이 초콜릿 쿠키를 만들었니? – Christine이 만들었어.

2 네 이름이 무엇이니? – 내 이름은 Ben이야.
  Amy는 호수에서 무엇을 했니? – 그녀는 거기에서 수영했어.
  너는 몇 시에 그를 만났니? – 나는 그를 7시에 만났어.

A 1 Who 2 What 3 What 4 wants
B 1 Who 2 What 3 What
C 1 ⓒ 2 ⓑ 3 ⓐ
D 1 Who 2 Who 3 What 4 What

GRAMMAR FOCUS ·················· p. 124

B 의문사 when, where, why, how

1 너는 언제 돌아올 거니? – 나는 8시에 돌아올 거야.
네 생일이 언제니? – 5월 10일이야.
알람시계가 언제 울렸니? – 아침 6시에 울렸어.

2 내 양말은 어디에 있니? – 서랍안에 있어.
그들은 어디에서 모이니? – 그들은 박물관에서 모여.
내가 어디에서 꽃을 살 수 있을까? – 1층에 꽃집이 있어.

3 저 소년은 왜 울고 있니? – 그가 넘어졌기 때문이야.
Carla는 그를 왜 좋아하니? – 그가 똑똑하고 친절하기 때문이야.
어제 너는 왜 학교에 오지 않았니? – 내가 아팠기 때문이야.

4 네 방학은 어땠니? – 정말 좋았어.
너는 어떻게 거기에 갔니? – 나는 지하철로 거기에 갔어.
내가 이 기계를 어떻게 켤 수 있나요? – 이 리모컨으로요.

A 1 How 2 Where 3 Why
B 1 ⓒ 2 ⓑ 3 ⓐ 4 ⓓ
C 1 How much 2 Why 3 Where 4 How
D 1 When[What time], this Friday at 4 p.m
  2 Where, at Jenny's house
  3 How many, Seven people[Three girls and four boys]

Grammar Test ·················· p. 126

1 (1) Who (2) What 2 ③ 3 Where 4 (1) Who, cooked (2) What, did, buy (3) Why, did, take
5 How, long, did, sleep

문제해설

1 A: 차 안에 있는 그 남자는 누구니?
  B: 그는 내 삼촌이야.
  A: 그의 직업은 무엇이니?
  B: 그는 정비공이야.

2 ① 캐나다의 날씨는 어때? – 추워.
  ② 누가 소파에 앉아 있니? – Victoria가.
  ③ 너는 뭐라고 말했니? – 아니, 안 했어.
  ④ 언제 나에게 전화했니? – 어젯밤에.

⑤ 그는 무슨 과목을 가르치니? – 그는 과학을 가르쳐.
▶ ③ 의문사로 시작하는 의문문에는 Yes나 No로 대답할 수 없다.

3 출신 지역과 Jane을 본 장소를 묻고 있으므로 빈칸에는 Where가 알맞다.

4 (1) 누가 요리를 했는지 물어야 하므로 Who cooked를 쓴다.
  (2) 무엇을 샀는지 물어야 하므로 What did (you) buy를 쓴다.
  (3) Kevin이 약을 먹은 이유를 물어야 하므로 Why did (Kevin) take를 쓴다.

5 '얼마나 오래'는 How long으로 나타낸다.

WRITING WITH GRAMMAR ·················· p. 127

A 1 How, old, is
  2 When, did, Max[he], lose
  3 Where, did, Max[he], lose
B 1 How tall is the building?
  2 Why did the dinosaurs disappear?
  3 What time does the math class finish?
  4 Who do you love the most?
  5 Where did Lucy get a haircut?

문제해설

A 1 Charlie의 나이가 4개월이라고 대답했으므로, how old를 써서 물어야 한다.
  2 Charlie를 지난 일요일에 잃어버렸다고 대답했으므로, when을 써서 물어야 한다.
  3 Charlie를 센터 공원에서 잃어버렸다고 대답했으므로, where를 써서 물어야 한다.

READING WITH GRAMMAR ·················· p. 128

1 ⑤ 2 (A) Who (B) Why
Words | ¹떨어지다, 내리다 ²(일이) 발생하다, 벌어지다

해석 | [왕 무파사와 그의 아들 심바가 일출을 바라보고 있다.]
무파사: 왕은 태양처럼 뜨고 진단다. 언젠가, 새로운 왕과 더불어 태양이 떠오를 거야.
심바: 누가 다음 왕이 될까요?
무파사: 네가 될 거란다, 심바.
심바: 저요? 저에게 무슨 일이 벌어질까요?
무파사: 모든 게 네 것이 될 거야.
심바: 그거 놀라운데요! 저 어두운 곳도요? 저곳은 여기서 얼마나 먼가요?
무파사: 여기서 몇 마일 떨어져 있단다. 하지만 저곳은 우리의 땅이 아니야. 너는 저기에 가서는 안 돼.
심바: 왜 그렇게 말씀하세요?
무파사: 매우 위험하기 때문이지.
심바: 알겠어요, 아빠. [속으로 생각하며] 하지만 저는 언젠가 저기에

갈 거예요.

구문해설

3행 A king rises and falls **like** the sun.
  ▶ like: …처럼

7행 You **will** (be the next king), Simba.
  ▶ will 뒤에는 반복을 피하기 위해 앞 문장의 be the next king이 생략되어 있다.

13행 You **must not** go there.
  ▶ must not: 조동사 must의 부정으로 '…해서는 안 된다' 는 금지를 나타낸다.

문제해설

1 ⑤ 마지막 문장에서 심바는 '언젠가 저기에 갈 거예요.'라고 생각했다.

2 문맥상 (A)는 '누가', (B)는 '왜'에 해당하는 의문사를 써야 한다.

COMMUNICATION
pp. 129~130

A 길 찾기

Check-Up | **1** How, can, I, get, to **2** ⑤

문제해설

2 A: 백화점이 어디에 있나요?
  B: 한 블록 직진해서 오른쪽으로 도세요. 그것은 공원 맞은편에 있어요.

B 좋아하는 것 묻고 답하기

Check-Up | **1** (1) ⓒ (2) ⓐ (3) ⓑ **2** ②

문제해설

1 (1) 너는 미술을 좋아하니? ⓒ 아니, 그렇지 않아. 나는 역사를 좋아해.
  (2) 네가 가장 좋아하는 배우는 누구니? ⓐ 나는 Ryan Gosling 을 좋아해.
  (3) 너는 공포 영화를 즐기니? ⓑ 응. 나는 그것들이 재미있다고 생각해.

2 A: 네가 가장 좋아하는 음악 종류는 뭐야?
  B: 나는 힙합을 좋아해. 너는 Eminem을 좋아하니?
  A: 아니, 그렇지 않아. 하지만 나는 Jay-Z를 무척 좋아해.
  B: 나도 그의 노래들을 좋아해.

FINAL TEST
pp. 131~133

1 ① **2** take, place **3** ④ **4** ② **5** (C)→(A)→(B)→(D)
6 ④ **7** ⑤ **8** ① **9** ③ **10** ④ **11** ② **12** ③ **13** ④
14 ③ **15** How, often **16** How, many **17** How, long **18** ④ **19** ⑤ **20** ②, ④ **21** When do you eat lunch? **22** How much money do you need?
23 Where do[did] Olivia and Tom live? **24** How, takes a bus (to school) **25** When[What time], arrives (at school) at 8:30

문제해설

1 ① far는 '(거리가) 먼'이라는 뜻이다.

3 ④ 가장 좋아하는 과목을 물었으므로 음악 수업을 좋아하지 않는다라는 대답은 부자연스럽다.

4 ② 서점으로 가는 길을 물었으므로 내가 서점에 갈 것이라고 대답하는 것은 부자연스럽다.

5 (C) 시청으로 가는 길을 아시나요?
  (A) 네. 그곳은 여기서 가까워요.
  (B) 거기에 어떻게 갈 수 있나요?
  (D) 길을 건너서 두 블록을 가세요.

6 가격을 물을 때는 「How much+be동사+주어?」를 쓴다.

7 장소를 물을 때는 where를 쓴다.

8 ① 그들은 어디에서 왔나요?
  ② 여기서 은행까지 얼마나 먼가요?
  ③ 수지는 어떻게 영어 말하기를 연습하니?
  ④ 그 산은 얼마나 높은가요?
  ⑤ 얼마나 많은 학생들이 그 반에 있나요?
  ▶ ①에는 Where를, ②~⑤에는 How를 써야 한다.

9 A: 너는 언제 보통 샤워를 하니?
  B: _____
  ① 15분 정도.
  ② 하루에 두 번.
  ③ 저녁 식사 후에.
  ④ 욕실에서.
  ⑤ 왜냐하면 내가 더러워서.

10 A: 바구니에 있는 이것들은 무엇이니?
  B: _____
  ① 그것은 칼이야.
  ② 아니, 그들은 아니야.
  ③ 그것은 강아지야.
  ④ 그것들은 망고야.
  ⑤ 응, 그것들은 쿠키야.
  ▶ '이것들'이 무엇인지를 물었으므로 They[Those] are …라는 대답이 자연스럽다. 의문사로 시작하는 의문문은 Yes나 No로 대답할 수 없다.

11 A: _____
  B: 왜냐하면 그가 그의 자전거를 고장 냈기 때문이야.

① 누가 그의 자전거를 고쳤니?
② Robert는 왜 속상했니?
③ 그는 어떻게 그의 자전거를 고쳤니?
④ Robert는 언제 집으로 오니?
⑤ Robert는 어디에서 그의 자전거를 샀니?
▶ 대답이 Because로 시작하고 있으므로 why를 이용한 질문이 알맞다.

12 what time은 의문사 when으로 바꿔 쓸 수 있다.

13 ① 너는 무슨 사이즈를 입니?
② 너는 무슨 색을 좋아하니?
③ 너는 무슨 운동을 잘하니?
④ 너의 책상 위에 있는 그 상자는 무엇이니?
⑤ 너는 무슨 종류의 물고기를 잡았니?
▶ ①, ②, ③, ⑤의 What은 형용사처럼 뒤따르는 명사를 수식하는 의문사이고, ④의 What은 '무엇'이라는 뜻의 의문사이다.

14 보기 오늘 기분이 어떠니?
① 너는 그의 이름을 어떻게 알았니?
② 이 가방 어떻게 계산하시겠어요?
③ 제주도 여행은 어땠니?
④ 이 에어컨은 어떻게 작동하는 거니?
⑤ 너는 어떻게 시카고로 갈 거니?
▶ 보기 와 ③의 How는 상태를 묻고, ①, ②, ④, ⑤는 방법이나 수단을 묻는다.

16 「How many+셀 수 있는 명사의 복수형」: '얼마나 많은 …' (수)

18 A: 너는 어젯밤에 무슨 영화를 봤니?
B: 어벤져스. 나는 그것을 무료로 봤어.
A: 어디서(→ 어떻게) 무료로 봤니?
B: 우리 아빠가 나에게 표를 주셨어.
▶ ④ 문맥상 어디서(Where)가 아니라 어떻게(How) 무료로 봤는지 묻는 것이 가장 적절하다.

19 ① A: 너는 어제 무엇을 했니?
B: 나는 TV를 봤어.
② A: 누가 문을 닫았니?
B: 엄마가 닫았어.
③ A: 펜이 얼마나 많이 있니?
B: 열 개 있어.
④ A: 그 전쟁은 언제 끝났니?
B: 그것은 1953년에 끝났어.
⑤ A: 너는 키가 몇이야?
B: 그는 나보다 더 키가 커.
▶ ⑤ 키를 묻는 말에 그가 나보다 더 키가 크다고 대답하는 것은 부자연스럽다.

20   Sierra에게
• Jake가 너에게 전화했었어.
• 그의 메시지: 우리 수학 숙제에 대해 나에게 전화해서 말해줘.
• 그의 전화번호: 010-123-1344
① 누가 Sierra에게 전화했는가?

② Jake가 언제 전화했는가?
③ Jake의 메시지가 무엇인가?
④ Jake가 무슨 과목을 좋아하는가?
⑤ Jake의 전화번호는 무엇인가?
▶ Jake가 ② 언제 전화를 했는지와, ④ 무슨 과목을 좋아하는지는 알 수 없다.

22 「How much+셀 수 없는 명사」: '얼마나 많은 …' (양)

CHAPTER 10 부가 의문문, 감탄문, 명령문

GRAMMAR FOCUS .... p. 136

A 부가 의문문

1 너는 배가 고파, 그렇지 않니?
그녀는 영화배우가 아니야, 그렇지?
Joe와 Elyse는 서로를 좋아해, 그렇지 않니?
저것은 체리가 아니야, 그렇지?
그녀는 부유해, 그렇지 않니?
그는 방을 청소하지 않을 거야, 그렇지?
그 경기장은 간식을 팔아, 그렇지 않니?
그들은 공원에서 치킨을 먹었어, 그렇지 않니?

2 그의 손은 정말 커, 그렇지 않니?
– 응, 맞아. / 아니, 그렇지 않아.
너는 로맨틱 영화를 정말 좋아해, 그렇지 않니?
– 응, 맞아. / 아니, 그렇지 않아.

B 감탄문

1 (이것은) 참 오래된 집이구나! (← 이것은 매우 오래된 집이다.)
(그들은) 참 재미있는 소년들이구나! (← 그들은 매우 재미있는 소년들이다.)

2 (그것은) 참 예쁘구나! (← 그것은 매우 예쁘다.)
날씨가 참 좋구나! (← 날씨가 매우 좋다.)

| Check-Up | .... p. 137

A **1** did **2** isn't **3** What **4** How
B **1** How, cold **2** What, an, exciting, game
   3 How, fast **4** What, a, good, friend
C **1** isn't, it **2** doesn't, he **3** did, they
   4 won't, we
D **1** I'm, not **2** she, does

C 명령문

1 1) 조용히 해라.

진정해라.

일어서 주세요.

2) 네 부모님께 무례하게 굴지 마라.

침대에서 뛰지 마라.

2 1) 잠시 쉬자.

소설을 읽자.

2) 쇼핑을 가지 말자.

공포 영화를 보지 말자.

3 1) 그것에 대해서는 걱정하지 마. – 알았어.

우리 할아버지의 농장을 방문하자. – 그래, 그러자.

2) 거미 좀 잡아줘! – 미안하지만, 나는 못 해.

라디오를 듣자. – 아니, 그러지 말자.

| Check-Up | ·············· p. 139

A **1** Be **2** Don't **3** Let's not **4** Turn

B **1** Do **2** Slow **3** Let's **4** Don't **5** Be

C **1** not waste **2** be late **3** touch

4 pick **5** write

D **1** Don't, walk **2** Let's, play

3 Help, your, sister

Grammar Test   p. 140

1 (1) Let's not have/Let's have (2) he cooks

(3) do you **2** ④ **3** ③ **4** ② **5** (1) Don't, sit

(2) Let's, check

문제해설

2 • 우리는 저쪽에서 캥거루를 볼 수 있어, 그렇지 않니?

• Stewart와 Dan은 운동을 좋아하지 않아, 그렇지?

▶ 긍정문 뒤에는 부정의 부가 의문문, 부정문 뒤에는 긍정의 부가 의문문 형태로 쓴다.

3 ③ Yes, I do.는 일반동사 의문문에 대한 대답이다.

4 ① 정말 높은 건물이구나!

③ 이런 더운 날씨에는 밖에 나가지 말아라.

④ 그녀는 그 식당에 있었어, 그렇지 않니?

⑤ 이것이 우리나라에서 가장 큰 배야, 그렇지 않니?

▶ ② What 뒤에 「형용사＋주어＋동사」가 이어지므로 What을 How로 고쳐야 한다.

5 (1) '…하지 마라'는 뜻의 부정 명령문은 「Don't＋동사원형」의 형태로 나타낸다.

(2) '…하자'는 뜻의 권유의 명령문은 「Let's＋동사원형」의 형태로 나타낸다.

WRITING WITH GRAMMAR   p. 141

A **1** protect your head and neck

2 Stay under a large table.

3 Don't use gas.

4 Don't get on the elevator.

B **1** The strawberries are sweet, aren't they?

2 How clear the sky is!

3 Let's eat Korean food.

4 Don't leave your umbrella on the subway.

5 What expensive sunglasses these are!

6 Let's not talk about the math test.

문제해설

A **1** 가장 먼저, 당신의 머리와 목을 보호하라.

2 큰 탁자 밑에 있어라.

3 가스를 사용하지 마라.

4 엘리베이터를 타지 마라.

▶ [1-4] 긍정 명령문은 동사원형으로 시작하고, 부정 명령문은 「Don't＋동사원형」의 형태로 쓴다.

B **1** 딸기가 달콤하다.

2 하늘이 매우 맑다.

3 우리는 한국 음식을 먹는다.

4 너는 지하철에 우산을 두고 왔다.

5 이것들은 아주 비싼 선글라스이다.

6 우리는 수학 시험에 관해 이야기했다.

READING WITH GRAMMAR   p. 142

1 ⑤ **2** How simple the rules are!

Words | **1** 도착하다 **2** (충고·지시 등을) 따르다

해석 | 안녕하세요, 여러분! 지난 시간에, 우리가 학급 규칙 포스터를 만들었어요, 그렇지 않나요? 우리의 학급 규칙을 함께 읽어 봅시다!

학급 규칙

1. 수업에 늦지 마라. 제시간에 도착해라.

2. 선생님 말씀을 주의 깊게 들어라.

3. 반 친구들을 존중해라. 서로에게 상냥한 말을 사용하고 잘해주어라.

4. 열심히 공부하고 최선을 다해라. 절대 포기하지 마라.

5. 교실을 깨끗하게 해라.

6. 항상 사실을 말해라.

규칙들이 참 간단하죠! 여러분은 그것들을 쉽게 따를 수 있습니다, 그렇지 않나요? 행복한 교실을 만들어 봅시다!

구문해설

9행 **Keep** the classroom **clean**.

▶ keep＋목적어＋형용사: …을 ~하게 유지하다

11행 You can follow **them** easily, can't you?

▶ them은 앞 문장의 the rules를 가리킨다.

1 ⑤ 휴대전화에 대한 학급 규칙은 없었다.

2 How로 시작하는 감탄문으로, 「How+형용사+주어+동사!」의 어순으로 배열해야 한다.

COMMUNICATION

pp. 143~144

A 제안하기

Check-Up | 1 ⑤ 2 Why, don't, you, send

문제해설

2 '…하는 게 어때?'는 「Why don't you+동사원형 …?」으로 나타낸다.

B 요청하고 답하기

Check-Up | 1 ④ 2 ④

문제해설

1 A: 네 차를 옮겨 줄 수 있니? / B: _____
  ▶ 요청에 대해 수락이나 거절을 해야 하므로 ④ '그거 정말 좋아.'라고 대답하는 것은 부자연스럽다.

2 A: 경기장에서 야구 경기를 보자.
  B: 좋은 생각이야! 너는 표가 있니?
  A: 아니, 없어. 네가 온라인으로 표를 사줄 수 있니?
  B: 문제없어.

FINAL TEST

pp. 145~147

1 ② 2 turn, off 3 ② 4 ⑤ 5 (C)→(B)→(A) 6 ⑤ 7 ② 8 ① 9 do, they 10 won't, he 11 ⑤ 12 Be, kind 13 Don't, eat 14 Let's, play 15 Let's, not, take 16 ② 17 You didn't clear the table, did you? 18 Amy can speak Chinese, can't she? 19 ⑤ 20 ③ 21 What a clean river (it is)! 22 How big the elephant was! 23 ④ haven't → don't 24 How hard the wind blows! 25 Mike didn't finish work yet, did he? 26 Don't worry. Be happy.

문제해설

3 A: 이 상자는 내게 너무 무거워. _____
  B: 문제없어.
  ① 네가 그 상자를 옮겼니?
  ② 네가 그 상자를 옮겨줄 수 있니?
  ③ 너는 그 상자를 옮겨야 하니?
  ④ 네가 그 상자를 옮기고 있니?
  ⑤ 너는 그 상자를 원하니?

4 ① A: 이 병을 열어 줘. / B: 그래.
  ② A: 아빠를 위해 생일 파티를 열자. / B: 좋아!
  ③ A: 물을 좀 마시는 게 어때?

B: 그거 좋은 생각이야.
  ④ A: 내 숙제를 도와줄 수 있니?
  B: 미안한데, 그럴 수 없어.
  ⑤ A: 지금 TV 쇼를 보는 게 어때?
  B: 너는 TV 쇼를 볼 거야.
  ▶ ⑤ 「How about v-ing …?」는 제안의 표현이므로 수락이나 거절로 대답하는 것이 자연스럽다.

5 (C) 내겐 수학이 너무 어려워.
  (B) 스터디 그룹에 가입하는 게 어때?
  (A) 좋은 생각이야.

6 ⑤ 빈칸 뒤에 「주어+be동사」가 이어지므로 빈칸에는 형용사가 와야 하며, 부사인 nicely는 들어갈 수 없다.

7 ⓐ 뒤에 「형용사+주어+동사」가 이어지므로 ⓐ에는 How가, ⓑ 뒤에 「a+형용사+명사」가 이어지므로 ⓑ에는 What이 들어가야 한다.

8 be동사 과거형의 부가 의문문이므로 Yes, I was.나 No, I wasn't.로 대답해야 한다.

9 주어가 3인칭 복수인 Jane and Theo이고 일반동사 현재형의 부정문이므로, 부가 의문문은 do they?를 쓴다.

10 주어가 Gary이고 조동사 will이 있는 긍정문이므로, 부가 의문문은 won't he?를 쓴다.

11 ① 그들은 피자를 먹었어, 그렇지 않니?
  ② Shelly는 열심히 일했어, 그렇지 않니?
  ③ 그는 카메라를 샀어, 그렇지 않니?
  ④ 너는 학교에 걸어갔어, 그렇지 않니?
  ⑤ 우리는 지난 수요일에 동물원에 있었어, 그렇지 않니?
  ▶ ①~④에는 didn't를, ⑤에는 weren't를 써야 한다.

19 ① 앉으세요.
  ② 정직한 사람이 되어라.
  ③ 수영장에 뛰어들어가지 마라.
  ④ 그는 정말 착한 아들이구나!
  ▶ ⑤ 주어가 3인칭 단수인 Her opinion이므로 부가 의문문은 wasn't it?이 되어야 한다.

20 ① A: 새에게 먹이를 주자. / B: 좋아.
  ② A: Max를 우리 집에 초대하자.
  B: 그건 좋은 생각이 아니야.
  ③ A: 너무 속상해하지 마. / B: 아니, 그러지 말자.
  ④ A: 정말 아름다운 공원이구나!
  B: 응, 그것은 정말 예쁘다.
  ⑤ A: Ian은 고양이를 좋아하지 않지, 그렇지?
  B: 아니, 좋아해.
  ▶ ③ No, let's not.은 권유의 명령문에 대한 부정 대답이다.

23 A: 이 크리스마스트리를 봐!
  B: 그것은 정말 거대한 크리스마스트리구나!
  A: 너도 크리스마스트리가 있어, 그렇지 않니?
  B: 응, 맞아.
  ▶ ④ 동사가 일반동사인 긍정문이므로 부정의 부가 의문문 don't you?를 써야 한다.

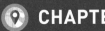 **CHAPTER 11** 전치사

GRAMMAR FOCUS ········· p. 150

A 전치사 1

1 1) 펭귄이 얼음 위를 걷고 있다.
   장미는 이른 여름에 핀다.
   2) 나와 함께 있어 줘.

2 그는 학교에 도착했다.
   고양이가 상자 안에서 놀고 있다.
   바닥에 장난감들이 있다.
   Jim이 지붕 위로 공을 찼다.
   아빠가 엄마와 나 사이에 서 있다.
   슬리퍼 한 켤레가 책상 밑에 있다.
   Sally는 Adam 앞에 있다. 미나는 Adam 뒤에 있다.
   우리 집은 학교 근처에 있다.
   도서관은 공원 옆에 있다.

| Check-Up | ········· p. 151

A **1** at **2** me **3** in **4** in front of **5** under
B **1** near **2** on **3** behind **4** over
C **1** (1) next, to (2) behind
   2 (1) on (2) between, and

GRAMMAR FOCUS ········· p. 152

B 전치사 2

1 1) 가을에 호박 축제가 있다.
   박물관은 9시 30분에 문을 연다.
   그는 화요일에 돌아올 것이다.
   2) Sue는 식사 전에 손을 씻는다.
   겨울 후에 봄이 온다.
   나는 여기에서 이틀 동안 머무를 것이다.
   Andy는 영화 보는 동안 잠이 들었다.

2 그들은 새집에 관해 이야기하고 있다.
   아빠는 가족을 위해 자주 요리하신다.
   나는 선물에 대해 부모님께 감사했다.
   Jim은 영국 출신이다.
   나는 옷값을 신용카드로 지불할 것이다.
   우리는 자전거로 섬을 여행했다.
   그녀는 친구들과 함께 중국에 갔다.
   그들은 크레파스로 선을 그리고 있다.

| Check-Up | ········· p. 153

A **1** at **2** by **3** before **4** in **5** during
B **1** about **2** after **3** for
C **1** from **2** at **3** with **4** for
D **1** in, 1940 **2** with, his, family **3** on, Sunday

Grammar Test ········· p. 154

1 (1) at (2) on (3) by (4) in **2** in **3** ④ **4** ③
5 (1) stairs, in, front, of (2) between, and

문제해설

2 the universe와 같이 공간을 나타내는 말 앞이나 오전/오후 앞에는 in을 쓴다.

3 ① Jane은 그를 위해 집을 지었다.
   ② 그는 그의 건강을 위해 운동을 하고 있다.
   ③ 나는 엄마를 위해 새 스카프를 샀다.
   ④ 승객들은 세 시간 동안 기다렸다.
   ⑤ George는 조부모님을 위해 아코디언을 연주했다.
   ▶ ①, ②, ③, ⑤는 '…를 위해', ④는 '… 동안'의 의미이다.

4 ① 나는 휴가 동안 해변에 갔다.
   ② 새들이 나무 위를 날고 있다.
   ④ 커튼 뒤에 문이 있다.
   ⑤ 그녀는 부엌에서 우유를 마시고 있다.
   ▶ ③ 문맥상 거리 위에(on) 건물이 있다고 하는 것이 자연스럽다.

WRITING WITH GRAMMAR ········· p. 155

A **1** under the table **2** in a basket
   3 next to Dracula **4** on the wall
B **1** in the morning **2** at noon
   3 for an hour **4** with his sister

문제해설

A **1** 호박이 테이블 아래에 있으므로 under를 쓴다.
   2 사탕이 바구니 안에 있으므로 in을 쓴다.
   3 마녀가 드라큘라 옆에 있으므로 next to를 쓴다.
   4 핼러윈 사인이 벽에 걸려 있으므로 on을 쓴다.
B **1** the morning은 오전 시간을 나타내므로 앞에 in을 쓴다.
   2 noon은 하루의 때를 나타내므로 앞에 at을 쓴다.
   3 '…동안'의 의미로 숫자를 포함한 구체적인 기간을 나타낼 때는 for를 쓴다.
   4 '…와 함께'는 with를 쓴다.

READING WITH GRAMMAR
p. 156

1 ④ **2** (A) in (B) for
Words | **¹** 팔다 **²** 경험

해석 | 세계에는 흥미로운 시장이 많이 있다. 방콕에 있는 수상 시장이 그것들 중 하나이다. 이 시장에서는, 물 위의 모든 배들이 가게이다! 사람들은 그들의 배 위에서 고기, 생선, 과일, 그리고 채소를 판매한다. 쇼핑객들은 둘러보고 판매자로부터 식품을 구입한다. 그 시장은 1800년대에 시작되었다. 그곳은 지역 사람들에게 중요한 장소였다. 이제 그곳은 관광객들에게 매우 인기가 있다. 그 시장은 새벽 3시에 열고 오전 11시에 닫는다. 당신은 특별한 경험을 <u>위해서</u> 이곳에 와야 한다!

구문해설

2행 The floating market in Bangkok is one of **them**.
▶ them은 앞 문장의 many interesting markets를 가리키는 대명사이다.

4행 People sell meat, fish, fruit, **and** vegetables on their boats.
▶ 3개 이상의 대상을 나열할 때는 A, B, C, and D라고 쓴다.

문제해설

1 ① 시장은 배 위에서 열리고, ② 상인들은 고기, 생선, 과일, 채소를 판매하며, ③ 1800년대에 문을 열었고, ⑤ 오전 3시부터 영업한다.
2 (A) 연도 앞에는 전치사 in을 쓴다.
(B) 문맥상 특별한 경험을 '위해'라는 의미이므로 전치사 for가 알맞다.

COMMUNICATION
pp. 157~158

A 칭찬하고 답하기

***Check-Up | 1** ①, ③ **2** ④*

문제해설

1 A: 내가 널 위해 쿠키를 구웠어.
B: 아주 맛있어 보인다! 잘했어.
A: 고마워.
2 A: 너 행복해 보이는구나. 무슨 일이니?
B: 내가 시험에서 A를 받았어.
A: 잘했구나! (정말 고마워.)
B: 고마워.

B 유감이나 동정 표현하기

***Check-Up | 1** ②, ⑤ **2** ③*

문제해설

1 That's a pity.처럼 유감을 표현하는 말은 ②, ⑤이다.

2 ③ 자신을 위해 아침을 만들었다는 말에 유감을 표현하는 것은 부자연스럽다.

FINAL TEST
pp. 159~161

1 ⑤ **2** outdoor **3** ③ **4** ④ **5** ③ **6** ④ **7** ④ **8** ④
9 ① **10** ② **11** ② **12** in **13** by **14** behind
15 after **16** ④ **17** ② **18** ⑤ **19** ④ **20** travel,
in, May **21** began, at, night **22** under the tree
23 in front of the bookshelf **24** It[The comedy
show] ends at 9 p.m. **25** It[The movie] runs for
two hours.

문제해설

3 ③ 카메라가 고장 났다고 했으므로 유감이나 동정을 표현하는 것이 적절하다.
4 A: Cindy가 학교에 왔니?
B: 아니. 그 애는 배가 아파.
A: <u>그것참 안됐다.</u> 내일 그 애에게 가 보자.
B: 좋아!
5 ① A: 네 유니폼은 정말 멋지다!
B: 고마워.
② A: 나는 이번 시험을 잘 봤어.
B: 잘했어!
③ A: 나는 경기에서 득점했어!
B: 그 말을 들으니 유감이야.
④ A: 나는 엄마를 위해 이 수프를 만들었어.
B: 잘했어!
⑤ A: 나는 말하기 대회에서 우승했어.
B: 잘했어!
▶ ③ 골을 넣었다는 말에 유감을 표현하는 것은 부자연스럽다.
6 near: … 근처에
7 for: … 동안 (숫자를 포함한 구체적인 기간)
8 ④ at 뒤에는 구체적인 시각이나 하루의 때, 비교적 좁은 장소 혹은 지점을 나타내는 말이 오며, 요일 앞에는 on을 쓴다.
9 계절 앞에는 in을 쓴다.
10 날짜 앞에는 on을 쓴다.
11 연도 앞이므로 ⓐ에는 in, '(표면) 위에'를 나타내므로 ⓑ에는 on을 쓴다.
12 국가와 공간 앞에는 in을 쓴다.
13 수단이나 방법을 나타낼 때는 '…로'라는 의미의 by를 쓴다.
14 in front of(… 앞에) ↔ behind(… 뒤에)
15 before(… 전에) ↔ after(… 후에)
16 ① Sam은 포크로 피자를 먹는다.
② 나는 칼로 빵을 잘랐다.
③ 그들은 그들의 방망이로 공을 쳤다.
④ 나는 내 남동생과 함께 화장실 청소를 했다.

⑤ 그는 연필로 그림을 그리고 있었다.
▶ ①, ②, ③, ⑤의 with는 '…를 가지고[…로]'를 의미하고, ④의 with는 '…와 함께'를 의미한다.

17 오늘 나는 방과 후에 친구들과 함께 역사 박물관을 방문했다. 우리는 한국 전쟁에 관해 많이 배웠다. 우리는 박물관 근처의 중식당에서 저녁을 먹었다. 그곳의 음식은 맛있었다.
▶ ② 문맥상 '방과 후에'라는 의미가 적절하므로 over가 아닌 after를 써야 한다.

18 ① 나의 가족 사진이 벽에 있다.
② 호텔 안에 20개의 방이 있다.
③ 무지개가 수평선 위에 있다.
④ Dan은 그의 차를 그 건물 앞에 주차했다.
▶ ⑤ between A and B: A와 B 사이에

22 여자아이가 나무 아래에 앉아 있으므로 on을 under로 고쳐야 한다.

23 남자아이가 책장 앞에 서 있으므로 next to를 in front of로 고쳐야 한다.

24 코미디 쇼는 9시에 끝나며, 구체적인 시각 앞에는 at을 쓴다.

25 영화는 두 시간 동안 계속되므로 숫자를 포함한 구체적인 기간 앞에 쓰는 for(…동안)를 쓴다.

MEMO

MEMO

MEMO

MEMO